锵锵和鸣

凤凰卫视的角色制造与节目生产

徐帆◎著

北京大学出版社
PEKING UNIVERSITY PRESS

图书在版编目(CIP)数据

锵锵和鸣:凤凰卫视的角色制造与节目生产/徐帆著.—北京:北京大学出版社,2013.4

ISBN 978-7-301-22358-1

Ⅰ.①锵… Ⅱ.①徐… Ⅲ.①电视台-电视工作-概况-香港 Ⅳ.①G229.276.58

中国版本图书馆 CIP 数据核字(2013)第 072038 号

书　　名:锵锵和鸣——凤凰卫视的角色制造与节目生产
著作责任者:徐　帆　著
责 任 编 辑:谢佳丽
标 准 书 号:ISBN 978-7-301-22358-1/G·3603
出 版 发 行:北京大学出版社
地　　址:北京市海淀区成府路 205 号　100871
网　　址:http://www.pup.cn
新 浪 微 博:@北京大学出版社
电 子 信 箱:ss@pup.pku.edu.cn
电　　话:邮购部 62752015　发行部 62750672　编辑部 62765016
　　　　　出版部 62754962
印 刷 者:三河市北燕印装有限公司
经 销 者:新华书店
　　　　　965 毫米×1300 毫米　16 开本　13.5 印张　150 千字
　　　　　2013 年 4 月第 1 版　2013 年 4 月第 1 次印刷
定　　价:30.00 元

序一 专业主义和理想主义的交织

朱羽君*
（中国传媒大学电视与新闻学院资深教授）

读徐帆的这本书，如同与他面对面坐着，听他侃侃而谈，其用词遣句、语音语调，具有他的个性特征和独特的文风，说明这是经过他长时间的思考和酝酿，有他独立的思想和见解。我喜欢读能使我产生这种感觉的论著，它少中规中矩的规格化和枯燥无味的论述，让人有阅读的兴趣。

书名《锵锵和鸣：凤凰卫视的角色制造与节目生产》，对作者徐帆来说，这个题目的选择，可能是他的经历和兴趣使然。徐帆的求学之路很特别，他分别在南北的三座名校，浙江大学、中国传媒大学（原北京广播学院）、复旦大学的传播院系，读本科、硕士和博士，从师众多、涉猎面广，学理上能吸取各家之所长，兼容并蓄，并且广交了业界学友，参与了各种业务实践。

尤其是他在广院的三年，由于广院一贯注重教学与实践相结合，长期与在京电视业务单位保持各种形式的合作，而且在许多地方电视台建立了实习实践基地,徐帆积极参与各种业务实践,兴趣甚广、获益颇丰。就拿凤凰卫视来说,上上下下有众多广院师友,有的还是广院的兼职教授,他们不把广院教师和学生当外人。这种亲密关系,使徐帆在凤凰卫视有较宽松的参与观察机会,与一些记者、编辑成为朋友,有对其进行中观、微观研究的先天优势,激发了他对凤凰卫视这一具有特殊身份、不同于内地电视台的媒体机构的强烈兴趣。

至于将研究焦点放在凤凰卫视的生产机制研究上,也源自他对该领域的学术兴趣。他认为,深入描述媒介生产过程,能够考察其中的种种社会关系和权利规制,能够帮助我们理解新闻体制及其结构的构成因素,理解从业者的生产实践是如何受行业和职业要求的影响、如何受各种规范和社会关系所制约的。通过媒介及其与社会的关系去理解和解释社会,的确成为媒介研究对社会理论有所贡献的一条进路。

1996 年 3 月,在香港成立的凤凰卫视,是一家以中国内地为根基的境外媒体,在转型中国具有一定的特殊性:一方面它仍潜在地受着国内政治经济的影响,受国内媒体的各种规制的制约;另一方面它又具有了境外媒体的姿态,国内的“新闻体制”、“宣传管理”不能直接、明显地加于其上,使它产生了一种独特的传播张力。因此,它相对体制内的媒介而言,能以更为丰富和生动的方式,真实而多元地呈现媒介与社会之间的微妙关系。徐帆以媒体社会学的视角,倚重角色理论,配合组织理论和媒介生产社会学理论,结合他较长时间对凤凰卫视进行的由里到外、由外到里的参与式体验,与在第一线的编辑、记者及不同工种人员的深度访谈,并通过各种渠道收集了大量相关文献资料,从而深入细致地描绘和阐释了凤凰卫视生产方式的变迁和自身角色创造的媒介图景。

该书重点描述了在凤凰卫视创始期、发展期、成熟期三个阶段中，对其生产机制和角色的变迁具有重要作用的三类生产情况，即新闻生产、历史—人文生产、全媒体生产的场景和实况，描述了凤凰卫视在特殊的社会环境中，其上述生产如何受社会组织和行业的要求和制约，同时又最大限度地发挥媒体人自身的专业主义精神和主观能动性，创造既能维持生存又能促进媒体的发展和社会进步的要求的“变通策略”，创造了一个有活力的、新颖的媒介角色。在论述中，笔者力求将所研究的对象由静态结构，转向由若干事件所构成的动态过程，涵括了被动与能动，专业与激情，边缘与高端，技术与制度各种张力之间的鲜活内容，以较深厚的学理基础、在业界的经历和体验以及对凤凰卫视的钟情，并能自如地跨越学界和业界的双重身份，具有说服力、动态地解释了凤凰卫视从“立基于境外体制媒体组织”走向“华语联络”的具体角色制造之路，使这本书获得了较为新颖的研究发现。

就我本人来说，对徐帆所书写的经历并不陌生，可以说，我是凤凰卫视这段历史的见证人。他所采访的人、所经历的事，我也熟悉，所以，我非常接受笔者的论述，并欣赏这一研究的独到视角。只是，徐帆是一位颇具理想主义的青年学者，难免在对凤凰的生产机制和角色扮演的描述中，具有一定的理想主义色彩。即便如此，徐帆对凤凰卫视媒介业者自身的主观能动性和应变策略的张扬，对他们在限制中创新、使生产机制从渐变中走向更为合理的方向的论述，确是中肯深刻，这也为中国内地媒介机构提供了可供参考的生产机制范例。笔者对凤凰卫视个案的生产机制和角色创造的剖析，虽似敲边鼓，却能震荡中国媒介改革的核心地带——我想，这正是这本书的意义所在，也是徐帆所要达到的期望吧。

序二　追寻另一种可能

陆　晔*

（复旦大学新闻学院教授，复旦大学信息与传播研究中心副主任）

“你不应该在传统媒介中陷得太深！”一位 IT 人士这样告诫众人，要去追寻另一种可能。2012 年，世界末日未至，创刊于 1933 年、以深度报道和权威阐释见长的美国新闻杂志《新闻周刊》纸质版却就此终结，转为全数字发行。在此之前，2008 年，拥有《芝加哥论坛报》、《洛杉矶时报》等十数家日报和二十多家电视台的美国媒介业巨头论坛报公司提出破产保护申请，就已引起轩然大波。与传统媒介的困顿局面相对应，新的信息与传播技术蒸蒸日上，正在改变媒介行业的竞争格局，产生日益深远的影响。尽管目前电视仍是受众最广泛的传播媒介，但同样也身处全球化、数字化、新媒介技术的大变局当中。

电视是 20 世纪最重要的科技和文化奇观，广泛而又深刻地渗透到当代社会日常生活的各个领域。它融入人们的私人交往和公共交往，影响人们的认知和情感，重新建构人们的家庭生活和公共生活。根据复旦大学信息与传播研究中心首次基于全国 31 个省、直辖市、自治区的所有城镇、农村家庭户中18岁以上常住人口的总体样本，所做的《新传播形态下的中国受众》调查：2010年全国受众每星期收看电视的平均天数为6.29天。其中83.3%的受众每周7天收看电视。在电视观众当中平均每天看电视的时间约合3.2小时。显然，在当今中国，电视仍然占据着最多的闲暇时间。

然而，新技术给受众提供了获取信息和娱乐的另一种可能。同一调查发现，全国受众平均每星期上网的天数为1.48天，其中17%的人每周7天都会使用互联网。尽管这个比例比每周7天看电视的比例要低得多，但调查显示互联网使用者平均每天的上网时间约2.92小时，已远远超过了报纸读者平均每天53.13分钟的读报时间。

在全球化、数字化和互联网快速崛起的浪潮中，谈论电视业的内容生产，其意义显然无法也不应只局限于电视本身。更何况谈论的是凤凰卫视，这家注册在香港、面向全球华人、在大陆地区有着特殊影响力的电视机构——它是一个有着丰富内涵的个案，呈现出关于"做电视"、"做视频内容产品"乃至于"做品牌"、"做媒介"的另一种可能。

这部著作是徐帆的博士论文。2007年夏天，刚从中国传媒大学电视与新闻学院硕士毕业留校任教一年的徐帆，来复旦参加"新闻传播理论与方法暑期学校"。短短两周的课程，为他开启了踏入学术研究领域的另一种可能。2008年，他考入复旦新闻学院攻读博士学位。三年寒窗，京沪两地奔波，劳力劳心，可想而知。他选择凤凰卫视的节目生产和媒介角色实现作为自己的博士论文选题，通过大量深度访谈获得一手资料，以媒介社会学理论来观照和诠释凤凰卫视的生产实践机制和媒介角色制造的特征与意义，既是为他深爱的电视行业描摹出一个质感细腻的个案，也是在力图整合理论和经验、为中国电视内容生产探究另一种可能的同时，探究自我发现和自我实践的另一种可能。

“总有另一条不该走的路在他们面前，总有另一条不该过的桥……总有别的事情会发生，只是何地和何事的问题。”辛波斯卡这样吟诵。凤凰卫视如此，新闻周刊如此；电视如此，报纸如此；传统媒介如此，新媒介如此；学术如此，人生如此。追寻另一种可能，是一种选择也是一种态度，一种年轻的果敢和坚持。就像这部著作，以及徐帆博士本人，远非完美，却和眼前的世界一样年轻。

目 录

导论 "角色"登场:媒介生产与社会的一种勾连

"生产"媒介内容的媒介组织,是社会在与自身沟通过程中的一个必要的"联结"与中介系统①,并且是"社会变迁的积极参与者"(促进或抵制)②。具体到1978年以降的转型社会场景,"传媒是中国改革的舆论及话语的平台和推行工具,并且,与其他领域的改革开放几乎同步的是传媒管理经营和新闻实践领域的改革"③,由此展现出一幅既相互交织,又彼此构成的图景。

虽然"媒介化社会"(mediated society)的提法似有"媒介中心论"的嫌疑,但通过媒介及其与社会的关系去理解和解释社会,的确成为媒介研究对社会理论有所贡献的一条进路。不过,诚如麦奎尔所言,"只有在了解媒介组织自身运作的情况下,我们才能理解社会如何影

---

① 丹尼斯·麦奎尔:《麦奎尔大众传播理论》(第四版),崔保国、李琨译,清华大学出版社2006年版,第201页。

② 理查德·H.霍尔:《组织:结构、过程与结果》(第八版),张友星、刘五一、沈勇译,上海财经大学出版社2003年版,第3—4页。

③ 潘忠党:《序言:传媒的公共性与中国传媒改革的再起步》,载《传播与社会学刊》2008年第6期,第4页。

响媒介,而媒介又是如何影响社会的"[①]。基于此,媒介组织的生产机制(production mechanism)[②]就成为这条进路中的关键"标识"。

那么,如何找寻这些"标识",并以此制订"路线图"?"制图"的起点,理应是看懂"标识",但这只是起点罢了,因为米尔斯早就提醒我们,"相信小范围的细节研究不管得到什么结果,都有助于启发我们解决或阐明结构意义的问题"[③]是一种"愚蠢"的念头,导致的结果不外乎"认标不识路"——"路线图"需要呈现的是"标识"与"目的地"之间的关联,这就要求我们于媒介生产与社会之间觅求勾连。

勾连在哪里?回到社会理论的求索,"角色"(role)被看作是"为社会界定的身份及行为模式,其中有具体的规则、规范和期待存在,能规范和定向个体在社会情境中的互动、举止及实践"[④],由此,"角色构成了个体行为与社会结构的一种联结,即存在着一个与给定社会地位或身份相适应的行为网络"[⑤],于是,角色和角色理论(role theory)便可作为一条线索登场。

本书倚重角色理论一条主线,配合组织理论和媒介生产社会学两条副线,基于凤凰卫视(1996 年至今)的典范个案,检视媒介组织的生产机制及其与社会的互动。导论部分主要回答的是:为何选择凤凰卫

① 丹尼斯·麦奎尔:《麦奎尔大众传播理论》(第四版),崔保国、李琨译,清华大学出版社 2006 年版,第 201—202 页。

② 生产机制,是指一个社会组织在进行生产活动时相互作用着的过程和方法——这里的过程,是一种由方法指引的过程,一定的社会理解力与组织观念在其中发生作用;这里的方法,则是一种在过程中起作用的方法,是一种"被运作"的方法而非"被理论"的方法。

③ 赖特·米尔斯:《社会学的想象力》,陈强、张永强译,三联书店 2001 年版,第 71 页。

④ Tim O'Sullivan, John Hartley, Danny Saunders, Martin Montgomery, John Fiske:《传播及文化研究主要概念》,杨祖珺译,远流出版公司 1997 年版,第 346 页。

⑤ Richard A. Hilbert. *Toward an Improved Understanding of Role*. Theory and Society, 1981. 10(2).

视？提出什么问题？使用什么理论？运用什么方法？并由此说明篇章结构是如何设计的。

第一节　问题的提出：媒介的角色如何实现

开宗明义，媒介的角色，作为媒介组织与社会结构的一种联结，是经由生产机制的实践而在社会中实现的，并体现一种“行为的有节制的社会决定论”①。

媒介与社会，成为上述实践与实现的条件且互为条件。环顾周遭，“媒介包围着我们，我们的日常生活被广播、电视、报纸、书籍、互联网、电影、音乐唱片、杂志和其他形式的媒介所填满”②。在“被媒介填满”的社会世界中，若是选择“退一步去认真思考大众媒介和它们所带来的问题，并把日常的媒介行为置于一个更广阔的社会、政治、经济背景中去了解”③，就先要对媒介与社会进行反思——生产机制为何具有解释力？角色实现的社会场景又是哪般？——以勾勒及研究问题置身的场景轮廓，从而进入凤凰卫视的个案，提出并解决研究问题。

一、生产机制的媒介研究潜力

在社会科学中，结构（structure）和能动性（agency）是一组重要概

① 毛丹：《赋权、互动与认同：角色视角中的城郊农民市民化问题》，载《社会学研究》2009 年第 4 期，第 31 页。

② 大卫·克罗图、威廉·霍伊尼斯：《媒介·社会》（第三版），邱凌译，北京大学出版社 2009 年版，第 3 页。

③ 同上。

念。从结构—能动性的框架回溯，我们发现：杜尔凯姆是功能主义(functionalism)的鼻祖，强调社会结构的决定性影响力；韦伯则代表了另一个传统，他是行动理论(action theory)的鼻祖。行动理论把个体的行动作为社会学研究的出发点，而不是把研究重点放在社会结构上，[①]自此而下，各色理论在两大传统之间“徘徊”。

在社会理论的“徘徊”间透视媒介及其研究，或有两种经典理路值得反思。

一种是政治经济学(political economy)，主要阐述信息文化传播在资本主义经济和意识形态再生产中的双重意义。赵月枝指出，“传播政治经济学当前主要的是处理传播与跨国媒介集团在全球政治经济中的中心地位，全球政治经济由各国公司、政府机构和影响全球和本土权力关系的阶级组合的构建；传播资源的控制问题导致的冲突；劳工对愈加精细的国际传媒分工的后果的干预和妇女及弱势种族对全球传播权力不平等的抗争；传播中的社会运动、日益私有化的视听空间中的公共领域状态、把公民身份塑造为消费者的资本主义等问题”[②]。

另一种是文化研究(culture studies)。在费斯克眼中，“它的出现顺应了工业社会对于意义(meanings)的需求”[③]。为此，“文化研究并不致力于预测人的行为，或将行为消解为结构，而是寻求理解及诊断人的行为。文化，在这里首先被视为一组实践、人们行动的模式及创

① 尹伊文：《“制度决定论”的神话》，载《读书》2008年第7期，第25页。

② 赵月枝：《传播政治经济学研究前沿与路径》，参见范敬宜、李彬：《马克思主义新闻观十五讲》，清华大学出版社2007年版。

③ 约翰·费斯克：《英国文化研究与电视》，参见罗伯特·艾伦：《重组话语频道：电视与当代批评理论》，牟岭译，北京大学出版社2008年版。

造、维系和改变现实的过程”①。于是,在建构主义(constructivist)和主观主义(subjectivist)的知识论立场上,文化研究强调“语言论述与媒介再现的表意功能并非单纯的‘反映’而是‘建构’社会真实”②。

无论政治经济学还是文化研究,各有体系、自成脉络,也诞生了一批甚有解释力的学术产品,但舒德森却告诫,“政治—经济的路径和文化的路径之间似乎存在某种惯有的对立,这种对立常常使得人们无暇顾及可以在新闻生产这个节点上观察到的种种特定的社会现实”③;并且,科特(Simon Cottle)也不无担忧地提出:政治经济学与文化研究“常常只是借由文本的内容分析,就指出关于产制可能的解释、动机或原因;所有的立论根据,只不过是对文本分析中一些微不足道的论点大做文章。若我们想了解,为何媒介采取某些呈现的形式,又为何媒介论述中从未出现某些人、事、物,就不能只依赖媒介内容的解读,无论那些分析多么精细,方法论又多么严谨”④。

诚然,无论舒德森还是科特,他们的告诫与担忧,与其说是一种研究取向的反思,毋宁说是基于自身立场的辩白,为的是凸显媒介生产社会学取向的“政治正确”,正如舒氏在“打圆场”的一段话中说道:“我所回顾的有关新闻研究的各种理论取向都具有显著的优点。三种研究取向都把焦点放在特定的机构,并对这些机构中创制新闻的特定

---

① 詹姆斯·W.凯瑞:《作为文化的传播:“媒介与社会”论文集》,丁未译,华夏出版社2005年版。

② Simon Cottle:《媒介组织与产制:此一领域研究的描绘》,参见Simon Cottle:《媒介组织与产制》,陈筠臻译,韦伯文化2009年版,第15页。

③ 迈克尔·舒德森:《新闻生产社会学》,参见詹姆斯·库兰、米切尔·古尔维奇:《大众媒介与社会》,杨击译,华夏出版社2006年版,第164页。

④ Simon Cottle:《媒介组织与产制:此一领域研究的描绘》,参见Simon Cottle:《媒介组织与产制》,陈筠臻译,韦伯文化2009年版,第7页。

过程予以考察，大大地推进了我们对媒介的理解。"[1]不过，他们的评判，却不失公允地展示了从生产机制进入媒介研究的潜力。

而且，所谓研究的潜力，不仅是理论或方法的潜力，也是研究主体的潜力。并不讳言，作为研究主体的笔者[2]对生产机制的钟意，源自过往参与和观察的经验，用李金铨的话来说，"从个人最深刻的经验向外推，思考扩及普遍的社会现象，最后竟联系到一些根本的关怀，以至于发展成一种学术志业，那么学术工作就构成一个整体，不是割裂"[3]；也是斯托克斯(Jane Stokes)认为的研究"应该把你的学术兴趣和个人兴趣结合起来，所以尽力尝试把自己的经历与研究结合起来。你需要思考什么让你感兴趣"[4]。

基于研究主体的潜力，关于生产机制，还可补充回应研究设计上的两个问题。

第一个问题：为何关注生产机制而非内容产品？

以电视为例，虽然加剧的市场竞争导致全行业由"卖方市场"转为"买方市场"，但根据笔者的切身观察：相当比例的内地电视业者在日常工作中并不在意作为内容产品的节目及其观众反馈，大量"电视人"很少或完全不看电视(特别是自己制作的节目)。另据笔者多年游走电视研究和实务之间的经验：内容产品，由于长期、广泛曝光于大众传

---

① 迈克尔·舒德森：《新闻生产社会学》，参见詹姆斯·库兰、米切尔·古尔维奇：《大众媒介与社会》，杨击译，华夏出版社2006年版，第185页。

② 由于选用的是质性研究方法(qualitative research)，作为研究主体的笔者，同时作为研究方法而存在。

③ 李金铨：《视点与沟通：中国传媒研究与西方主流学术的对话》，参见李金铨：《超越西方霸权：传媒与文化中国的现代性》，牛津大学出版社2004年版，第5页。

④ Jane Stokes：《媒介与文化研究方法》，黄红宇、曾妮译，复旦大学出版社2006年版，第3页。

播环境当中，分析素材较易获取，相关研究滥觞较早、数量较多。不过，生产机制在前，是因；内容产品在后，是果。无论从时间上还是逻辑上，生产机制都不应该被忽视，更不应该“由果及因”反向推导。但是，生产机制恰是动态的、幕后的，分析素材较难获得，再加上媒介业者和学者之间普遍存在的隔阂，导致相关研究所见不多或仅论及皮毛，更为重要的生产机制问题，逐渐让位于内容产品问题。

第二个问题：为何关注更广义的媒介生产机制而非新闻生产机制？

根据“生产线”上不成文的规矩：不同业者彼此交流要“互报家门”时，往往先问到“你是做报纸？还是做电视？”然后才是“做新闻？还是做娱乐？”“做电视”（基于媒介形态的生产性概念），从字面上看似宽泛，但在现实中却有清晰的区隔度。此外，即便仅在研究层面讨论，本书也有意纠正“将媒介约等于新闻媒介”的刻板印象，进而重视媒介生产及其产品的丰富性、媒介业者在不同节目之间转换的灵活性以及媒介受众多元化的内容产品诉求。

综上，呈现动态与情境、过程与事件的生产机制，在理论和研究主体两个层面是较为有效的“标识”，正如陆晔所言，“深入细致地描述媒体的生产实践过程，能够考察其中种种权力关系的非正式和动态的特征具体；能够帮助我们理解新闻体制及其结构的构成因素；也能够帮助我们理解从业者的生产实践是如何受行业、职业要求的影响，以及各种规范和社会关系的制约”[①]。并且，由于过往相关研究“关注窄

① 潘忠党：《新闻改革与新闻体制的改造——我国新闻改革实践的传播社会学之探讨》，载《新闻与传播研究》1997年第3期；陆晔：《新闻生产过程中的权力实践形态研究》，参见《信息化进程中的传媒教育与研究》，复旦大学出版社2003年版；李金铨、黄煜：《中国传媒研究：学术风格及其他》，载《媒介研究》2004年第3期。

义的传媒改革之'核心地带'比较多。这个核心地带指的是受政策制定者和改革受益群体特别关注的领域"以及"学界对于传媒实践、体制对实践的规训尚缺乏系统的研究"[①]的缘故，本研究冀望通过处于"非核心地带"的个案（凤凰卫视）和角色理论的引入，讲述"另有一番作为"的"故事"。

二、转型社会的中国场景

媒介组织的角色实现，在一定的社会结构中进行。根据社会结构的稳定性，可划分为稳态社会和转型社会两种类型[②]。本研究中的凤凰卫视，主要在中国内地的转型社会"挪转腾移"，它的角色实现，基于生产机制的实践，并与其共享转型中国的现实场景。

这是怎样的场景？出现怎样的转型？据曹锦清的理解，中国的社会转型有四个特点：第一个特点是，中国的社会转型是被迫而不是自发的，"是外部强加的"。第二个特点是，中国的社会转型或说向工业社会的转型来得相当晚，所以它有个后发的特点。第三个特点是，先发国家自发的转型通常是以市场为主导，而后发国家因为农耕经济本身无法逐步推进到市场经济，并通过私人经济为工业化提供积累，不可能走这条路，所以一般由政府和国家主导。第四个特点是，这种后发国家在社会转型过程当中，不仅扮演主导的角色，而且采取追赶的

---

① 潘忠党：《序言：传媒的公共性与中国传媒改革的再起步》，载《传播与社会学刊》2008年第6期，第12—13页。

② 孙立平：《转型与断裂：改革以来中国社会结构的变迁》，清华大学出版2004年版；汪丁丁：《中国新闻的三重身份：真相、批判、公共空间》，载汪丁丁财新网博客2009年12月7日，http://blog.caing.com/article/1695/.

战略[①]。

曹锦清的提纲挈领突出了后发政府—国家对社会转型的主导性,也是许多学者[②]在国家—社会框架下分析转型中国的现实与共识。就媒介组织而言,生产机制的实践与变迁,是在“国家利益取向”(维护国家安全和社会秩序)与“既定新闻观念”(党的新闻事业)的“规范性期待”[③]中进行。面对此一“规范性期待”,媒介组织在角色实现的偏好与行为中体现出“有节制的能动性”,借用一个对抗性的模型来看,就是“集权国家稳定不变地追求政治控制,媒介在某种程度上具有自由表达的冲动,而一个不断变动的国家—社会关系为双方围绕政治控制展开的攻防游戏,提供一个大的变迁背景”[④]。

由全景镜头推到中近景别,在曹氏的宏观阐释之下,转型中国的画卷犹如一幅“清明上河图”,其间具体的社会情境、个体及其活动曼妙多元。如何探究? 或者说,关于细节的探究是否更具见微知著的解释力,并由此得出更为有效的解释?

孙立平在反思:当我们在农村中从事其他课题研究的时候,就隐隐约约感觉到,这些问题虽然重要,但确确实实是相当难于回答的。之所以如此,最基本的一点就是,与城市中的社会生活相比,农村中社

---

① 曹锦清:《社会转型视野下的新农村建设》,参见曹锦清:《如何研究中国》,上海人民出版社 2010 年版,第 236—238 页。

② 孙立平:《守卫的底线:转型社会生活的基础秩序》,社会科学文献出版社 2007 年版;李友梅、孙立平、沈原:《转型社会的研究立场和方法》,社会科学文献出版社 2009 年版。

③ 期待(expectation)是角色理论中的重要概念,指个体扮演角色的行为符合于社会、组织、团体、他人的期望和要求. 在比德尔看来,期待可以通过规范(norms)、偏好(preferences)和信念(beliefs)三种方式表现出来;参见奚从清:《角色论——个人与社会的互动》,浙江大学出版社 2010 年版,第 112 页。比德尔:《角色理论的最近发展情况》,曾霖生、姜文彬译,载《国外社会科学文摘》1988 年第 11 期,第 4 页。

④ 周翼虎:《自由的抗争与自觉的入笼:中国国家与新闻业关系 30 年》,北京大学社会学系博士论文,2008 年,第 3 页。

会生活程式化和模式化程度是很低的，缺少一成不变的正式程序和正式规则。在许多情况下，即使存在这样的程序和规则，有时也不会真正起作用。相反，一些重要而敏感问题的解决，往往要采取非正式的方式或相机处置的弹性手段。即使是政府的行动也是如此。因此，与城市的生活相比，农村的生活更像是一种“魔术”。除此之外，还有一个很重要的原因，就是目前中国农村的社会生活正处于一个重要的转型过程中，社会生活的许多方面都是处于“正在形成”的过程中，而远不像一个成熟的体制下，社会生活是高度确定的①。

转型的社会世界，需要理论与方法的转型。于是，孙立平选择了着眼于“有事情的时候”的“过程—事件分析”。这样或可避免“本来应当发展出有能力把握剧烈社会变动的理论和方法，但却接受了最适合于测量稳定社会的理论和量化手段，并且逐步将之奉为主流而忽略了发展其他的方法”②。孙氏基于“过程—事件分析”的路径，被称为“实践社会学”。基于此，他与同侪进入转型社会的日常现场，对“能做不能说”或“边做边说”的一种微观机制——“变通”进行了系统的探讨。他们认为：实质性的改革措施，有许多是通过“变通”的方式进行的。“变通”实际上是一种正式机构按非正式程序进行的运作。进行“变通”的主体都是在制度中拥有合法地位的正式机构。“变通”的微妙之处在于它对原制度的似是而非全是。从表面上来看，它所遵循的原则及试图实现的目标是与原制度一致的，但变通后的目标就其更

① 孙立平：《“过程—事件分析”与当代中国农村国家农民关系的实践形态》，参见谢立中：《结构—制度分析，还是过程—事件分析？》，社会科学文献出版社 2010 年版，第 136—137 页。

② 李友梅、孙立平、沈原：《编者的话》，参见李友梅、孙立平、沈原：《转型社会的研究立场和方法》，社会科学文献出版社 2009 年版，第 1 页。

深刻的内涵来看则与原制度目标不尽相同甚至根本背道而驰。[①]

孙氏所言的“变通”机制,在转型中国的媒介领域也得以印证。按潘忠党的说法,“新闻改革”并不是旨在以某一个已知的体制替换现存的体制,而是在现存体制的基本框架内,引进一些充分体现这一体制之核心原则的新型运作机制,提高现存体制运作的灵活程度和它对“非常规”活动的容纳程度[②]。于是,吸纳或创造“非常规、灵活的新型机制”,成为媒介组织的生产实践得以“变通”的手段与模式。这看似没有与体制的概念、纲目和框架直接抗争,但在不断再生的“过程—事件”中,机制的“变通”虽无法决定、但的确影响了体制的变迁。而各类社会组织(包括媒介组织在内)的角色,也在机制与体制的互动与博弈中得以动态地呈现。选择凤凰卫视作为研究个案,也正是源于它的“非常规、灵活的新型机制”,以及通过这一“变通”的机制所呈现的特殊角色。

三、凤凰卫视的角色如何制造

经由生产机制与转型社会场景轮廓的勾勒,接下来展开阐述研究问题:媒介的角色如何实现?在展开阐述之前,先费些笔墨,交代一下凤凰卫视的个案价值。

1996年3月在香港成立的凤凰卫视,是一家以中国内地为主要市场的境外华语媒介组织(起家且倚重于电视领域),它的角色实现之“过程—事件”在转型中国具有一定的特殊性。

---

① 孙立平:《实践社会学与市场转型过程分析》,载《中国社会科学》2002年第5期,第89页。

② 潘忠党:《新闻改革与新闻体制的改造——我国新闻改革实践的传播社会学之探讨》,载《新闻与传播研究》1997年第3期,第66—67页。

一方面,作为纯粹的商业性媒介组织("港交所"上市公司),凤凰卫视和从"党的新闻事业"到"事业化管理,企业化经营"再到"事企双轨制"演变的体制内媒介组织有所不同,特别是在生产机制的实践中有所不同。

另一方面,立基于香港的凤凰卫视与转型社会的关系,也与其他内地媒介组织有所不同,可比作"身跨香江,一只脚站在资本主义,一只脚站在社会主义"——通常意义上的"新闻体制"、"宣传管理",并不能直接、明显地去规范凤凰卫视的角色实现,不过也通过间接、未公开的方法施加着影响。那么,凤凰卫视在生产机制的实践上,就需采用更多"变通"的策略。这些策略本身,以一种丰富而微妙的方式成为转型中国场景下,媒介与社会关系的真实而多元的写照。

若从角色理论的框架看待这些"变通"的策略,相较其他内地体制内的媒介组织而言,凤凰卫视通过生产机制的实践去实现角色的"过程—事件",就不是米德所说的"角色扮演"(role taking)①,而是特纳提出的"角色制造"(role making)②。"扮演"(take),强调的是对其他个体的模仿和对社会规则的服从;而"制造"(make),则强调的是面对其他个体与社会规则时的即时创造与灵活应变。这也就是说,凤凰卫视先争取到一个角色,然后扮演这个角色。

从西方理论回到中国现实。内地媒介组织在"国家所有"的体制前提下,更多是在接受、扮演着一种被赋予的角色,虽有"自下而上"的突破,但依然处于体制内;而凤凰卫视,因其主要以中国内地为市场,

---

① 乔治·米德:《心灵、自我与社会》,上海译文出版社 2005 年版。

② RalphH, Turner, *Role-Taking: ProcessversusConformity*, in: Arnold M. Rose, *Human Behavior and Social Processes: An Interactionist Approach*, Boston: Houghton Mifflin, 1962.

同样受到转型社会的结构性制约与规范性期待,也在接受、扮演着一种被赋予的角色。但由于凤凰卫视是一家境外体制外的商业公司,在接受与扮演角色之外,它的生产机制带给角色实现以特殊的能动性,实践于一种特殊的角色期待中。这种能动性体现在“由外而内”的角色制造及其对体制性结构的一种外在影响,还体现在对内地其他媒介组织机制与角色方面的影响。于是,从动态的视角去看,凤凰卫视的媒介演进(包括生产机制实践和角色制造活动),就与结构性的媒介体制变迁发生了关系。

基于上述,凤凰卫视的个案价值在于:探讨媒介组织的生产机制实践,特别是其中的“变通”之处;理解“变通”的生产机制实践中的角色制造;解释在这一角色制造“过程—事件”中媒介组织与社会的关系。另外,若没有将凤凰卫视纳入研究视野,只看到境内体制内媒介组织“自下而上”的变革,难免就会忽视与之形成合力、“由外而内”的生产机制“变通”与角色示范作用;而将其纳入研究视野,则可以通过与“自下而上”体制内变革的互相映衬,帮助我们辨识转型社会中的复杂的媒介图景。

最后,回到“媒介的角色如何实现”这一问题。根据凤凰卫视的个案价值和研究背景,本书将其拓展为三个层次:凤凰卫视的生产机制如何实践?凤凰卫视的角色如何通过生产机制的实践得以制造?凤凰卫视的媒介组织演进(包括生产机制实践和角色制造活动)与转型社会中媒介体制变迁的关系又是什么?

第二节 理论渊薮:角色、组织与媒介生产研究

为了回答本研究提出的三个层次问题,笔者使用了角色、组织与媒介生产研究中的相关理论,其中以角色理论为主,组织理论与媒介生产社会学为辅。

一、角色理论的基本立场与相关性

角色,作为媒介组织与社会之间的一种勾连而存在,这是本研究导入角色理论的重要原因。这种勾连,达伦多夫在论及角色与行动者、社会的关系时曾指出:“与地位一样,社会角色是‘准客观’的,基本上是独立于个体的复合体;社会角色中的特有内容不是由个体而是由社会来规定并改变的;角色中所集合的行动期待,将以某种要求和义务来与个体发生关系。其结果,当个体试图从行动期待逃避时,他必然会遭到不利。”[①]虽然达氏的观点具有浓郁的功能主义色彩,但从他的表述中依然可知:角色概念的使用,能够将一种相对流动的社会关系确立下来(但非令其停滞),并基于社会关系的确立,去理解与解释周遭的社会现象。

诚然,“角色概念在1950年代就成为英语学术界的一个有效载体,把三个核心社会科学(人类学、社会学、心理学)整合到一个原则

---

① 陈映芳:《关于在青年社会学中导入角色理论的理论思考》,载《社会学研究》2000年第6期,第85页。

上,即研究人类行为”[①],但由于“一些作者在角色概念的定义上,在他们对角色做出的假设上以及在对角色现象所作的解释上继续存在着分歧”[②],“其比喻、隐喻多于定义,外延不清晰,术语不完整,应用强于知识体系”[③],甚至“近三十年来,关于角色的次级概念、理论虽有诸多新论著,但是情况并未真正改观”[④]。以上表明,如果要运用角色的概念和角色理论去观察、分析凤凰卫视基于生产机制实践的角色实现问题,运用者就有必要先检视角色理论的基本立场;再说明角色理论和研究问题之间的逻辑关联。

对于角色理论的检视,从莎士比亚《皆大欢喜》中的一句台词开始:“全世界是一个舞台,所有的男男女女不过是一些演员;他们都有下场的时候,也都有上场的时候。”[⑤]莎翁的台词为中外学者青睐,他们乐于从戏剧的联想中引出角色理论的思考,其中最为经典的,恐怕是戈夫曼的“戏剧类比论”(theatrical analogy),在戈氏看来,“演员在舞台的表演是由剧本、导演指示、其他演员的表演、观众的反应以及演出者的才干所共同决定的。与此类似,人们在社会中的行为与人们的社会位置、身份有关,其行为是在扮演一种社会角色,既由社会对这个身份、位置提出的规范和要求所决定,同时也由其他人的角色扮演所

---

① Bruce J. Biddle, *Role Theory: Expectations, Identities, and Behaviors*, New York: Academic-Press, 1979: 11.

② 比德尔:《角色理论的最近发展情况》,曾霖生、姜文彬译,载《国外社会科学文摘》1988 年第 11 期,第 1 页。

③ Bruce J. Biddle, Edwin J. Thomas, *Role Theory: Concepts and Research*, New York: John Wiley & Sons, 1966: 9—14.

④ Karen Danna Lynch, Modeling Role Enactment: Linking Role Theory and Social Cognition, *Journal for the Theory of Social Behavior*, 2007, 37(4).

⑤ 威廉·莎士比亚:《莎士比亚全集》(二),朱生豪等译,人民文学出版社 1994 年版,第 139 页。

决定，由人们对扮演者的观察与互动所决定，还由扮演者的独特能力和个性所决定”[①]。

借用戈氏的“戏剧类比”，在本研究中，各家媒介组织作为“演员”，在作为“舞台”的转型中国媒介场域，拿着作为“导演”的宣传管理部门给出的“剧本”（宣传指令、行业政策等），表演给作为“观众”的所有社会个体（包括狭义的“观众”，即一般的受众在内）看——比喻的方式虽生动，但也有失严谨，比如，“演员”的能动性并没有得以反映。而在凤凰卫视的个案中，它的机制和角色层面的能动性则是我们着力考察的重点之一。于是，接下来，再经由文献的爬梳，对角色理论演进做一简析，并突出与本研究相关的概念范畴。

角色理论的成型期通常被认为在20世纪30年代，米德、林顿与莫利诺构筑了角色理论的框架和术语。[②] 必须指出，角色理论在成型之初就对角色范畴具有不同的理解，可以简单划分为以米德为代表的符号互动论和以林顿为代表的功能主义论：在前者那里，角色是一种个体间自然而然发生的、谈判式的理解；而后者却更强调社会结构的决定性作用，个体较为被动地服从规范、扮演各自社会角色，以形成稳定的社会秩序。

二战之后到90年代，角色理论扩展为五大流派：(1) 功能主义的角色理论，聚焦于稳态社会系统中“社会身份”占据者的“模式化的社会行为”。(2) 符号互动论者的角色理论，强调个体行动者的角色、社会互动中的角色演变。(3) 结构的角色理论，有些学者发展了关于结

---

① 欧文·戈夫曼：《日常生活中的自我呈现》，冯钢译，北京大学出版社2008年版。

② Bruce J. Biddle, Edwin J. Thomas, *Role Theory: Concepts and Research*, New York: John Wiley & Sons, 1966:5.

构化角色关系的数学表达、公理理论。(4) 组织角色理论,集中解释了正式组织角色引起的个体紧张,影响行为者的环境应对策略选择的变量等。(5) 认知的角色理论,聚焦于角色期待与行为之间的关系,研究引起期待的社会条件,测量期待的技术,以及期待对于社会行为的影响等。①

20 世纪 90 年代至今,角色理论又有多重发展,但比尔德却认为,“由于术语与概念上的混乱、散漫以及支持与反对者的褊狭,角色理论正在弱化”②;甚至在毛丹眼中,“如果说角色理论还有什么传统或主流可言,那么大概就是它赞成行为的(有节制的)社会决定论”③。

面对理论演进的瓶颈,瑞泽尔等学者看到组织之于工业化社会的重要价值及在其中的大幅发展,继续把目光转向组织,虽然他们主要关注的是“社会组织对于个体以及群体的强烈的角色化力量”④,但这种转向还是能给本研究以启示:社会组织(包括媒介组织在内)是否可以作为一个角色主体而进行研究?

其实,早在 1966 年,比德尔和托马斯就提到,“角色理论从一开始就关注人们的与给定社会身份相关的复杂行为方式,既可研究特定个体,也可研究特定集合体”⑤。从这个意义上说,特定社会组织,作为

---

① Bruce J. Biddle, *Recent Developments in Role Theory*, Annual Reviews of Sociology, 1986 (12):70—76.

② Bruce J. Biddle, *Role Theory*. in: E. Borgatta. *Encyclopedia of Sociology*, New York: Macmillan Reference, 2004:2418—2419.

③ 毛丹:《赋权、互动与认同:角色视角中的城郊农民市民化问题》,载《社会学研究》2009 年第 4 期,第 36 页。

④ GeorgeRitzer, *The Mc Donaldization of Society: An Investigation into the Changing Character of Contemporary Social Life*, Thousand Oaks, CA: PineForge Press, 1996.

⑤ Bruce J. Biddle, Edwin J. Thomas, *Role Theory: Concepts and Research*, New York: John Wiley & Sons, 1966:5.

特定社会个体的集合体，自然能够成为角色研究的对象，它的角色及其实现、转变也能折射出特定社会组织与社会结构之间的互动关系。

在角色理论的不同流派和晚近的流变中做一提炼，可知角色理论的基本问题是与"模式化的社会行为"、"社会身份"和"行为的期待"联系在一起的。"模式化的社会行为"被定义成"为达成某种功能而组织起来的一套特殊规范"以及"由此形成的一套应对社会环境的策略"①；"社会身份"指的是"个体可以拥有的权利与义务的合集"②；"行为的期待"是社会个体在实践中逐渐习得的期待，通过规范、偏好和信念三种形态呈现③。

三者的关系可以简述为：个体遵循"行为的期待"，通过"模式化的社会行为"，呈现出"社会身份"的动态面貌。在三者的关系图谱中，"行为的期待"可分为来自社会结构施予的"规范性期待"，行为主体自身施予的"偏好性期待"以及来自社会其他个体及其之间的某些共识所施予的"信念性期待"；"模式化的社会行为"体现出行为主体的能动性与上述三种期待之间的互动关系；"社会身份"则随着行为主体的角色实践活动的变化而在不同阶段有不同的呈现。

至此，通过对角色理论演进和基本问题的简要梳理，特别是在晚近"组织的转向"当中，我们可以找出若干与本研究的相关性。

第一，角色理论可以用于观察作为"特定媒介业者集合体"的凤凰卫视。由于在此集合体当中，不同凤凰业者基本呈现出相同的角色认

---

① Frederick L. Bates, Clyde C. Harvey, *The Structure of Social Systems*, New York: Wiley, 1975.

② Ralph Linton, *The Study of Man*, New York: Appleton-Century, 1936.

③ Bruce J. Biddle, *Recent Developments in Role Theory*, Annual Reviews of Sociology, 1986 (12): 75.

知,又在同一套机制中进行媒介生产活动,所以,从媒介组织的层面看待角色的实现(制造)活动是可行的;并且,不同凤凰业者的一线工作也支撑起整个媒介组织的生产实践,并推进凤凰卫视的角色制造。这也就是说,角色制造中“模式化的社会行为”与媒介组织生产机制的实践具有关联性,后者是前者的载体,并作为“表演”的具体行为帮助前者在“舞台”上得以展示。

第二,凤凰卫视与内地体制内媒介组织实现着两种很不相同的社会角色。运用角色理论“模式化的社会行为”、“社会身份”和“行为的期待”三个基本范畴来看,由于凤凰卫视主要的传播空间和广告市场在内地,与内地体制内媒介组织基本一致,所以也会被政府和宣传管理部门施予“规范性期待”,按照一定的规范演绎“社会身份”。但是,由于“出身”不同,凤凰卫视施予自身的“偏好性期待”以及应对社会环境的策略——它们动态地呈现于生产机制的具体实践中——与内地体制内媒介组织迥异。而提及“出身”,就不能不回到角色体系(role system)的概念划分:一种是以先天因素而定的归属(ascribed)角色,另一种是以表现、竞争及资格而定的成就(achieved)角色[①]——若以静态的视角观之,二者都是一种“社会身份”。由于凤凰卫视的归属角色是“立基于香港的境外体制外媒介组织”,但主要又是在中国内地获取成就角色,于是,两种角色之间的矛盾就产生出一种独特的张力。这种张力弥散到生产机制的实践活动中,并影响其角色的制造,“唱支港调给党听”之戏谑可谓一种生动的刻画。

第三,使用角色理论观察凤凰卫视的生产机制实践和角色制造活

① Tim O'Sullivan, John Hartley, Danny Saunders, Martin Montgomery, John Fiske:《传播及文化研究主要概念》,杨祖珺译,远流出版公司 1997 年版,第 346—347 页。

动，不是为了得出静态的“角色是什么”之答案。因为上文已经说明凤凰卫视的归属角色是“立基于香港的境外体制外媒介组织”；而其力求达到的成就角色是“各华人群体之间，以及华人群体与世界各地之间的‘华语联络’（Chinese connection）”①。通常被凤凰卫视官方描述为“拉近全球华人的距离”。动态地理解和解释从“立基于香港的境外体制外媒介组织”走向“华语联络”的具体的角色制造之路，也就是在抽象层面去理解和解释特定媒介组织的一种“模式化的社会行为”，成为本研究的重点。

第四，由于角色理论被视作一种“行为的有节制的社会决定论”，那么，对于凤凰卫视的角色制造活动进行研究，可以进而明了媒介组织的行为（生产机制的实践）与社会的决定和节制（转型中国）之间的互动与博弈。这里“别开生面”的戏码，可作如是观：内地体制内的《南方周末》、《南方都市报》、湖南卫视等媒介组织，从“导演”（宣传管理部门）那里“拿到剧本”后，会有意识地“改戏”甚至自己“加戏”，但他们的角色在本质上却是接受的而非制造；与之不同，凤凰卫视的角色之前并没有出现在这一“剧本”中，它作为“华裔外籍演员”，自己在转型中国的媒介舞台上争取到一个角色，然后实现这个角色，并在实现的过程中充分展示了自身独特的“偏好性期待”。那么，这位“华裔外籍演员”是如何与“导演”进行协商的？如何在“舞台”上“铿锵亮相”的？以及，它是否影响了“舞台”“导演”乃至“剧本”的变化？本研究试图给出答案。

第五，在过往的媒介研究领域，直接使用角色的概念或角色理论

---

① 凤凰卫视控股有限公司年报：亚洲投资专讯，2011-02-28. http://www.irasia.com/listco/hk/phoenixtv/annual/cindex.htm.

进行研究较为少见,并主要探讨如下问题:(1) 聚焦媒介从业者个体的角色认知问题。比如陆晔通过对上海一地媒介业者的调研发现,在他们的角色认知中,“选择从事新闻工作,更多的是出于对大众传播媒介所能够担负起重要的社会道义责任的向往,同时也出于自身的兴趣爱好”[①];周裕琼则通过对全国多地记者的调研发现,“互联网使用以及因使用而引起的互联网依赖,在一定程度上诱发了中国记者媒介角色认知体系中的主导观念由传统的宣传教化转变为现代的信息监督”[②]。(2) 关注“广义上”的媒介角色问题。比如邱戈检视了“被一些具体的特定时代的因素充实”的媒介“身份”[③];而戴元光、尤游则直接将媒介角色置换为媒介功能、效果问题或纳入发展社会学的视角进行讨论[④]。本研究使用角色理论,将选择一种处在媒介从业者个体与“广义上”的媒介之间的“中观视角”,并基于凤凰卫视的个案来具体观察和印证上述问题。

二、组织理论的“技术—制度环境”分析

上文论及研究主体之于生产机制的研究潜力时,曾解释了“为何关注更广义的媒介生产机制而非新闻生产机制”——若从另一角度去理解,就是倾向于从组织形态(电视台、广播电台、报社等)而不是内容

① 陆晔:《新闻从业者的媒介角色认知——兼论舆论监督的记者主体作用》,载《中国青年政治学院学报》2003 年第 5 期。

② 周裕琼:《互联网使用对中国记者媒介角色认知的影响》,载《新闻大学》2008 年第 1 期。

③ 邱戈:《媒介身份研究的基本理论架构》,载《浙江大学学报》(人文社会科学版)2007 年第 5 期。

④ 戴元光、尤游:《媒介角色研究的社会学分析》,载《上海大学学报》(社会科学版)2007 年第 11 期。

类型(新闻、娱乐、教育等)对媒介生产进行研究。组织理论恰好能帮助笔者落实这种研究倾向,正如迈克尔·舒德森将组织理论视作新闻社会学的一种补充,"一方面,新闻可以看作是社会生产的'现实',另一方面,也可以看作是某种社会组织制造的产品,如其他制造品一样"[①]。同样,它也将是媒介生产研究的一种补充。

那么,组织理论如何对媒介生产研究起到补充的作用?特别是如何对角色理论视阈中的媒介生产研究起到补充的作用?直言之,角色理论中反映社会性制约的"行为的期待"(角色范畴)与组织理论中的"技术—制度环境"(组织范畴)实为"一个问题,两种表述",仅仅是观察问题的视点不同罢了。于是,理解了"技术—制度环境",便能对"行为的期待"了然在心。

接下来,要回答的问题就变成:究竟什么是"技术—制度环境"?让我们一同进入组织范畴的学术脉络去寻找答案。

早在20世纪初期,有关组织现象的研究就拉开了大幕[②],提出并践行"技术—制度环境"分析的新制度主义学派则在1977年兴起,标志是迈耶和布罗恩在《美国社会学杂志》上发表《制度化的组织:作为神话和仪式的正式结构》的论文。两位学者认为:组织不仅追求适应所处的技术环境,而且受制于制度环境;在效率机制之外,合法性(legitimacy)机制也是解释组织现象的关键。[③]

在"技术—制度环境"的视阈中看待凤凰卫视,它的生产机制实践

---

① 迈克尔·舒德森:《新闻生产社会学》,参见詹姆斯·库兰、米切尔·古尔维奇:《大众媒介与社会》,杨击译,华夏出版社2006年版,第176页。

② 周雪光:《组织社会学十讲》,清华大学出版社2003年版,第73页。

③ John Meyer, Brian Rowan, *Institutionalized Organization: Formal Structure as Myth and Ceremony*, The American Journal of Sociology, 1977, 83(2): 340—363.

和角色实现既要与有效率要求的技术环境——按最大化原则组织生产——相适应,也要耗费资源去满足合法性——当社会的法律制度、社会规范、文化观念或某种特定的组织形式成为“广为接受”的社会事实之后,就成为规范人的行为的观念力量,能够诱使或迫使组织采纳与这种共享观念相符的组织结构和制度[①]——的要求。“技术—制度环境”在此亦可看作是施加于凤凰卫视之上、形成复调(counterpoint)的“规范性期待”和“信念性期待”。

在新制度主义学派另一篇代表性论文中,迪玛奇奥和鲍威尔从“技术—制度”的大环境深入,强调了通过组织内部的运行机制来解释组织的形式与行为[②]。这种研究理路,可引入作为媒介生产的“过程—事件分析”与宏观的“技术—制度环境”探究之间的中观视角,也可印证“(媒介生产的)常识和规范由媒介产业中的经济、政治和组织力量来塑造。然而,媒介生产常规并不是这些力量的简单和直接的产物。它们由在各种结构控制下的专业人员积极打造”[③]的说法。

综上,组织理论的“技术—制度环境”分析,能够在概念的解释力和中观视角的选择方面,帮助本研究解决关于凤凰卫视角色实现的若干问题。

三、媒介生产社会学的视角

上文曾提到,若以静态的视角观之,凤凰卫视的归属角色与成就

---

① 周雪光:《组织社会学十讲》,清华大学出版社 2003 年版,第 75 页。

② 同上书,第 91 页。

③ 大卫·克罗图、威廉·霍伊尼斯:《媒介·社会》(第三版),邱凌译,北京大学出版社 2009 年版,第 184 页。

角色都是一种具体的“社会身份”,它们各自是什么,已有阐述,不再赘述。更为关键并有待解决的问题在于:凤凰卫视是如何通过“模式化的社会行为”,基于生产机制的实践去制造它的角色,即如何从“出身”走向“成就”?

在上文的注释中已经提到:生产机制是指一个社会组织在进行生产活动时相互作用着的过程和方法。那么,媒介组织的生产机制包括了具体的媒介生产情境、具有一定能动性的生产主体及其所参与的动态“过程—事件”。从角色理论的视角去看,媒介组织角色实现的“模式化的社会行为”也就在生产机制的实践中得体完成。

如果说组织理论帮我们解决了角色期待方面的若干问题,那么,遇到“模式化的社会行为”问题,借用媒介生产社会学的视角,或有裨益。为什么这样说?

舒德森的回应很干脆:媒介社会学的视角,是有关新闻生产(但不限于新闻生产)的三种研究角度中的一种,“主要来自社会学,尤其是针对社会组织或职业以及意识形态的社会建构的研究。这一视角试图了解新闻记者在工作中所做的种种努力,是如何受制于组织和行业的要求的”[①]——“社会行为”(工作中所做的种种努力)与“模式化”(受制于组织和行业要求)在他的回应里都有体现。

那么,在具体的研究中,这一视角又该如何使用呢?对当代中国农村社会生活的考察启发了孙立平,他从中归纳的“过程—事件分析”也启发了笔者。“过程—事件分析”的基本之点“是力图将所要研究的对象由静态的结构转向由若干事件所构成的动态过

① 迈克尔·舒德森:《新闻生产社会学》,参见詹姆斯·库兰、米切尔·古尔维奇:《大众媒介与社会》,杨击译,华夏出版社2006年版,第167页。

程。任何研究策略都不可避免地会涉及描述与分析两个方面。描述的任务是再现，分析的任务是解释，而描述是分析的基础”①。“由静态转向动态”的基本点，也让本研究避免了角色研究的一个常见问题：“角色，由于常常被假设为一种静态的、共识的、过分有决定性以及过于简化的社会关系，所以它的分析价值与解释力常常受到质疑。”②“过程—事件分析”，恰能为静态的假设提供一种动态的情境。

并且，孙立平强调的“由若干事件所构成的动态过程”，又与20世纪70年代在媒介社会学领域中兴起的生产研究（特别是“新闻室观察研究”）之特质暗合。相隔大约三十年时间，美中学者在媒介生产研究路径上成果明显，比如塔奇曼《做新闻》（1978年）、甘斯《什么在决定新闻》（1979年）、费什曼《生产新闻》（1980年）等③，以及在大洋的另一端，陆晔、潘忠党《成名的想象：社会转型过程中新闻从业者的专业主义话语建构》（2002年）、洪兵的《转型社会中的新闻生产——〈南方周末〉个案研究（1983年—2001年）》（2004年）、张志安《编辑部场域中的新闻生产——〈南方都市报〉个案研究（1995—2005）》（2006年）、陈阳《我国新闻生产的影响机制之研究：以妇女新闻为个案》（2006年）、田秋生《市场化生存的党报新闻生产——〈广州日报〉个案

---

① 孙立平：《“过程—事件分析”与当代中国农村国家农民关系的实践形态》，参见谢立中：《结构—制度分析，还是过程—事件分析？》，社会科学文献出版社2010年版，第141页。

② Tim O'Sullivan, John Hartley, Danny Saunders, Martin Montgomery, John Fiske：《传播及文化研究主要概念》，杨祖珺译，远流出版公司1997年版，第347页。

③ 盖伊·塔奇曼：《做新闻》，麻争旗、刘笑盈、徐扬译，华夏出版社2006年版（原版于1978年）；赫伯特·甘斯：《什么在决定新闻》，石琳译，北京大学出版社2009年版（原版于1979年）。Mark Fishman, *Manufacturing the News*, Austin: University of Texas Press, 1980.

研究》(2008 年)等[①]。

从整体上看,在上述研究中,“事件”通过“过程”得以展现,媒介组织的生产机制实践及其与社会的关系也通过“过程”中的“事件”得以展现。这些“过程”与“事件”也体现出媒介组织自身在角色方面的“偏好性期待”与结构性的“规范性期待”以及其他社会成员的“信念性期待”之间的互动关系。

必须跟进指出:就本研究而言,上述整体性的回顾只能说明媒介生产社会学的视角是立得住、有解释力的。但是,它们分别给出了哪些解释?它们对本研究又有哪些启发和帮助?这就无法通盘而论了,笔者将在下文“具体问题,具体借用”。

第三节　方法论:质性研究的“精彩”与“无奈”

转型社会场景中,凤凰卫视的角色制造与节目生产,是本研究的重点。目前已知相关的学术论文[②],能够进入到“过程—事件”场景的

---

① 陆晔、潘忠党:《成名的想象——中国社会转型过程中新闻从业者的专业主义》,载《新闻学研究》2002 年第 4 期;洪兵:《转型社会中的新闻生产——〈南方周末〉个案研究(1983 年—2001 年)》,复旦大学 2004 年博士论文;张志安:《编辑部场域中的新闻生产——〈南方都市报〉个案研究(1995—2005)》,复旦大学 2006 年博士论文;陈阳:《我国新闻生产的影响机制之研究:以妇女新闻为个案》,载《新闻与传播研究》2006 年第 2 期;田秋生:《市场化生存的党报新闻生产——〈广州日报〉个案研究》,复旦大学 2008 年博士论文。

② Shuang Xie, *Dancing in the Tension between the Global and National: Seeing Chinese Television Industry through Phoenix Satellite TV*, Bowling Green: Bowling Green State University, 2010. 李杨:《凤凰电视文化现象研究》,中国艺术研究院博士论文,2008 年;钟大年、于文华主编:《凤凰考:建构一个新传媒》,北京师范大学出版社 2004 年版;王晶:《试析凤凰卫视的三次产权变更》,载《国际新闻界》2008 年第 5 期。

较为罕见;已知相关的非学术类文献,比如“凤凰卫视系列图书”[①]、媒体报道与评论大多属于“企宣软文”,它们呈现的是媒介组织希望你了解的信息——“犹抱琵琶半遮面”,成为本研究在文献环节遇到的问题。

面对文献方面的局限,本研究如何走近乃至走进凤凰卫视?如何把握生产机制的实践与角色的实现?本研究需要更多研究方法的辅助。那么,在转型中国,关注身处其间、动态演变的媒介组织,何种方法更有解释力?笔者受启于应星,在他看来,“如果说对于社会结构早已被彻底夷平,社会运作高度制度化、规范化的西方发达社会来说,定量方法的确常常是更适用的研究方法的话,那么,质性研究方法对于转型期的中国社会的研究就具有三方面的特殊性,体现在:中国社会体制运作的变通性、中国社会转型实践的过程性以及中国社会日常生活的模糊性”[②]。

于是,本研究主要使用深度访谈(in-depth interview),并辅以参与式观察(participant observation)与文献研究(archival research)等典型的质性研究方法[③],展开了大约半年时间的调研(2010 年 4—9 月),在与研究对象的互动与意义建构之间,切身体会到“外面的世界很精彩,外面的世界很无奈”,下文将逐一报告其中的“精彩”与“无奈”。

---

① “凤凰卫视系列图书”由凤凰卫视出版中心与内地各家出版社合作出版。

② 应星:《略论叙事方法在中国社会研究中的运用》,参见应星:《村庄审判史中的道德与政治 1951—1976 年:中国西南一个山村的故事》,知识产权出版社 2009 年版,第 187—189 页。

③ 质性研究方法,指的是以研究者本人作为研究工具,在自然情境下采用多种资料收集方法,对社会现象进行整体性探究,主要使用归纳法分析资料和形成理论,通过与研究对象互动对其行为和意义建构获得解释性理解的一种活动。参见陈向明:《质的研究方法与社会科学研究》,教育科学出版社 2000 年版,第 12 页。

一、深度访谈作为主要方法

就理想的状态来说，使用访谈的方法，应在一个恰当的情境、时机中选择具有代表性（representative）的访谈对象，并力图从中获取阐释性（interpretive）信息。① 笔者也认同刘思达的观点，“在这个问题上（避免数据中的虚假信息），访谈要明显优于问卷调查，因为在面对面的交流过程中，被访谈人如果撒谎的话，有经验的访谈人一般可以看出来，有时一些被访谈人尽管由于某些原因（比如职务原因）不能畅所欲言，却可以通过委婉的方式表达自己的观点”②。为了达到这样的调研效果，本研究进行了较为详尽的方案设计和动态修订。

首先，为了充分反映凤凰卫视生产机制实践和角色实现的真相，就不能仅以香港总部作为唯一访谈地点，也不能仅选择香港总部业者作为唯一访谈对象。

事实上，香港、北京与深圳，这三个城市都是凤凰卫视重要的生产基地。凤凰卫视的节目，主要分布在这三个城市录制；还有较少部分的节目，跨越两岸三地，甚至由全球不同分支机构共同生产，比如在北京、香港录制的《锵锵三人行》等。凤凰卫视的这种生产机制，既为深度访谈提供相对多元的视角，也对研究者提出了较高的要求，因为深度访谈可能要在三个乃至更多的城市之间辗转——但由于研究档期、精力与经费的限制，与笔者当面交流最多的还是身处北京凤凰会馆的

---

① Jane Stokes:《媒介与文化研究方法》，黄红宇、曾妮译，复旦大学出版社 2006 年版，第 139 页。

② 刘思达:《法律社会学的定性研究方法》，载《社会学视野》2010 年 12 月 3 日。http://www.sociologyol.org/yanjiubankuai/tuijianyuedu/tuijianyueduliebiao/2010-12-03/11700.html.

业者,其他城市(包括香港总部、深圳节目中心、台北记者站、北美记者站、欧洲记者站等处)的业者,则改用电子邮件、微博私信等方式沟通。

其次,深度访谈并不需要到达所有的凤凰业者,而在于选择具有代表性的访谈对象,因此,深度访谈的量并不很大。由此,本研究在深度访谈情境、时机的选取或制造方面,并没有遇到比较大的问题。

关于访谈对象的代表性,研究设计之初曾有两种不同的考虑,一种是紧盯“台前明星”,另一种倾向“一般业者”。随着深度访谈的展开,基于三方面的因素,本研究主要选择了后者:第一,受启于行动社会学代表人物图海纳,他在谈到研究对象的选择时,提出了“直接性”、“投入性”、“多样性”和“有限性”四项原则,并强调了对于组织中基层成员的关注,而非仅仅聚焦于“出头露面”者[①];第二,由于笔者曾经参与电视生产的各类工作,实务知识(craft knowledge)告诉我:“台前明星”的特殊价值,更多的是被媒介组织建构出来的。建构特殊价值的目的,是为了让观众更好地接受、喜爱这些“台前明星”,从而进一步接受、喜爱他们背后的媒介组织。如果进入媒介组织的日常生产实践,就会发现“台前明星”只是“流水线”上的一类工种,而更为广泛、包含各类工种的“一般业者”才是了解媒介组织生产机制实践与角色实现的关键(本研究将“台前明星”也看作“一般业者”中的一员,在深度访谈中有所接触但并不强求);第三,选择“一般业者”也源自本研究的局限性。毕竟,“台前明星”约访较为困难,哪怕约到,他们的档期时常更改、拖延乃至不了了之——可是,本研究的档期却是固定的。

---

① 李洁:《行动社会学与社会学干预——阿兰·图海纳社会学思想的初步介绍》,参见李友梅、孙立平、沈原:《转型社会的研究立场和方法》,社会科学文献出版社2009年版,第34页。

于是，本研究最终选择了二十多位不同级别、工种的“一般业者”进行深度访谈，特别是身处生产一线的记者、编导、编辑、摄影师、制片人等，每位的访谈时间在一到两小时之间。诚然，本研究不刻意“追星”，但也不回避知名度与级别，在凤凰卫视这一中小型商业媒介组织中，执行台长、节目总监、主持人与生产一线的关系较为紧密，从他们那里也可以获得较有洞察力的深度访谈素材。

最后，在深度访谈中，如何处理与访谈对象的关系，决定了能否从他们那里获得围绕研究问题的有效信息。

不得不说，处理与访谈对象的关系是一件比较微妙的事情：一方面，媒介业者普遍自视较高，且历来对媒介研究持有“怀疑主义”、“虚无主义”的判断。因此，在深度访谈中，如果口头表达过于学术或对实务过于陌生，将导致深度访谈无法深入，甚至出现“话不投机半句多”的尴尬局面而使得交流受阻；另一方面，如果与访谈对象较为亲近，能够使用“圈内行话”进行交流，自然有利于深度访谈的开展，甚至还能为研究提供意想不到的背景信息。但往往也会导致深度访谈的节奏、话题的集中性受到影响，这就为调研之后的整理、分析工作增加了负担。

由此，笔者也逐渐地调适与访谈对象的关系，体现在三个方面：第一，笔者曾经设计了一组结构性较好的“问题单”，但在几次深度访谈之后却发现：结构性问题的内部逻辑与访谈对象的表达逻辑经常难以合拍。于是，需要研究者做的就是变结构性问题为半结构性问题，并灵活调整问题的顺序及重点。以及，为了让上述两组逻辑尽可能合拍，还需要研究者在核心问题之前进行“暖场”，也正是：有经验的实证研究人员在访谈时则会先花一点时间“预热”，问几个看似无关痛痒却可以增进双方彼此了解和信任的问题（比如被访谈人的教育背景、工作经历、职务范围等）[①]；第二，尽管笔者自认为能够在“圈内行话”和“学术话语”之间游刃切换，但也曾被一位访谈对象诘问，“我们不要那么绕，就平常聊天吧，否则你的问题我听不大明白”[②]。把“学术用语”转化为“日常用语”，也成为研究者在深度访谈中必须重视的一项工作，否则难以获得访谈对象的真实信息；第三，深度访谈凤凰业者，是一件“斗智斗勇”的工作。他们平日的主要工作就是在做一个又一个的“电视访谈”，在与他们的访谈对象“斗智斗勇”的工作中积累了大量的经验且相当敏感。由此，面对笔者的提问，他们的应对技巧自然了得（媒介专业主义的一种“意外”体现）。从研究者的角度来说，想从凤凰业者那里问出点“干货”，绝非易事。“没有设计感”的态度与“必须要设计”的提问，缺一不可。

二、“先天不足”的参与式观察

参与式观察要求研究者在研究现场进行长时间的观察，甚至变成现场的成员之一，参与现场的事件、经历现场的过程。为了观察凤凰卫视节目生产机制实践与角色实现的真实图景，在处理观察现场、对象及其关系之外（与深度访谈类似），还需要注意以下三点：

第一，一般而言，参与式观察需要耗费的时间，远胜深度访谈；并且，在档期、地点的选择上，也远不如深度访谈来得灵活。这就要求笔者在进行参与式观察之前，把研究档期安排妥帖，并且选择北京、香港

---

① 刘思达：《法律社会学的定性研究方法》，载《社会学视野》2010 年 12 月 3 日，http://www.sociologyol.org/yanjiubankuai/tuijianyuedu/tuijianyueduliebiao/2010-12-03/11700.html.

② 根据与北京记者站记者胡玲的访谈记录，2010 年 5 月 31 日。

或深圳中的一处作为主要观察地点——最终，笔者选择了北京凤凰会馆。

第二，参与式观察往往与研究现场的“过程—事件”同步发生，研究者虽只是观察者，但本质上，也在介入、影响着“过程—事件”的发生与发展（深度访谈亦如此）。为此，研究者首先要被允许介入“过程—事件”（办公室工作、演播室录制、外出采制等），这就需要利用研究者的社会人脉联络与疏通；另外，由于参与式观察唯一能使用的研究工具就是研究者自己，所以，及时记下所见、所闻、所感，就显得较为重要。

第三，随着参与式观察的深入，提前确立的研究问题很有可能被重新界定。那么，如何在一个持续的过程中，恰当处理研究问题与使用方法、观察发现之间的流动关系？这也需要研究者细心且耐心地思考。

“纸上谈兵”总归会出些状况。事实上，由于研究经费的限制和“外采”安排时间上的不确定，笔者始终没有参与、观察到凤凰卫视任何一档节目的外出采制。不过，虽跟不了“外采”，但在凤凰会馆的“小楼”（办公室、演播室和其他附属机构），笔者还是展开了参与式观察。而且，随着参与式观察的深入，先前确立的研究问题也在一定程度上被修订。

三、“审慎借鉴”的文献研究

除学术类专著和论文之外，本研究在参考文献部分列出的“凤凰卫视系列图书”难以直接作为质性研究的资料来使用。但如果结合笔者的过往实务知识和本次调研所获认知进行“审慎借鉴”，并与其他渠道获得的资料相互印证,那么,它们对于本研究而言,仍然具备一定的参考价值。

为了更好地进行文献研究,笔者在凤凰卫视收集了公司年报、节目方案以及音像资料,一道整理、分析。并正因为在凤凰会馆的“多日游走”,笔者无意间还发现一份很有文献价值的内部刊物《点点滴滴》。这份2009年4月创刊的“凤凰人的手边读物”,由凤凰卫视总编室(香港)主办。《点点滴滴》主要集结了凤凰卫视各部门一线业者提供的手记和心得。据我的观察发现:北京凤凰会馆的多位业者都有意识地向这份内刊投稿;在多位业者的办公桌上,也经常可以看到《点点滴滴》,甚至有一位编导热衷于收藏这份刊物。笔者认为:《点点滴滴》的内容虽然是“点点滴滴”、不成体系,但对于凤凰卫视生产机制的组织形塑和角色强化而言,却有“点滴海洋”的成效。

此外,又如刘思达所说,“历史文献的类型有许多种,既包括报刊文章,也包括各类年鉴、地方志,还包括领导人讲话、读者来信、工作日记等更为个人化的数据材料,在今天的网络时代,甚至也可以包括网络论坛、博客、微博等数字化形式”[①]。本研究也在凤凰网、新浪博客、微博客等处搜集了若干非传统意义上的文献资料。

最后,但也是最重要的,对于深度访谈、参与式观察与文献研究三种质性方法的使用,并非“各自为政”,而在本研究中互相检验、修正,为论文的写作提供足够的情境、事件、意义等方面的细节,形成一种“深描”(thick description),并提供有洞察力的“理论阐释”(theoretic

① 刘思达:《法律社会学的定性研究方法》,载《社会学视野》2010年12月3日。http://www.sociologyol.org/yanjiubankuai/tuijianyuedu/tuijianyueduliebiao/2010-12-03/11700.html.

interpretation),力图回答某种“社会结构中的公众论题”①。

四、质性研究的效度问题②

笔者从研究者偏见(bias)与感应性(reactivity)两个方面,简要分析本研究可能遇到的效度威胁及其处理方式。

(1)研究者偏见。研究者在研究过程中(特别是质性研究)很难消除自身的价值观和期待,因此,总是会形成一定的研究者偏见——既然难以消除,那么,理解这种偏见如何影响研究的过程和结果,尽量避免消极的影响,成为一种次优方案。

针对本研究而言,除了通常的研究者偏见之外,由于从 2004 年开始一直在“做节目”,笔者跨越学界、业界的“双重身份”又造成了另一种偏见:时常感同身受,从而倾向于为业界辩护。面对这一偏见的存在,本研究可能的应对是:尽量保留“同情之理解”的有益部分,并在调研中有意保持距离感。

(2)感应性。感应性是指研究活动本身对于研究现场、对象的影响。在深度访谈、参与式观察中,感应性几乎不可避免,“研究者是他/她研究的世界的组成部分”③。正因为感应性的不可避免,所以,在深度访谈中,避免故意诱导或曲解访谈对象的表达即可;而在参与式观察,避免做出遮挡镜头、绊倒摄像机、打断录制、围着“台前明星”转等

---

① 赖特·米尔斯:《社会学的想象力》,陈强、张永强译,三联书店 2001 年版,第 6 页。

② 效度,指的是一个描述、结论、说明、解释或其他描述的准确性或可信度。不过,由于质的研究者往往只能在研究开始之后努力消除大部分的效度威胁问题,而不是通过研究设计先前特征消除这些威胁。参见约瑟夫·A. 马科斯维尔:《质的研究设计:一种互动的取向》,朱光明译,重庆大学出版社 2007 年版,第 82—83 页。

③ 约瑟夫·A. 马科斯维尔:《质的研究设计:一种互动的取向》,朱光明译,重庆大学出版社 2007 年版,第 84 页。

出格事情即可。

为了更好地说明质性研究的效度问题，在此举一个例子：随着调研的展开，笔者与凤凰业者逐渐熟悉，深度访谈（或二次访谈）的地点，也越来越倾向于选择在访谈对象的“非工作空间”，比如餐厅、咖啡馆等。事后发现：有些凤凰业者确实比较介意在被同事“包围”的“工作空间”（开放式办公室）中接受访谈，而在“非工作空间”边喝边吃边聊的日常交流中，他们往往可以更为深入地讨论一些问题。这里的微妙对比，反映出：作为一家业者普遍自视为“小公司”的媒介组织，除了面对内地乃至华语电视市场激烈的外部竞争之外，在凤凰卫视的组织内部，一种潜在的竞争氛围同样浓郁，甚至有访谈对象反过来问我，“某某记者是怎么回答的”——选择在“非工作空间”进行深度访谈，就是一种既保留“同情之理解”、又利用现实规则的处理方式，有利于研究的效度。

第四节 本书结构：章节逻辑与说明

为了把理论观照和调研内容更好地投射于这项研究的核心问题中，本书采用了一种“经纬交织”的写法。

首先，以 1996 年至今凤凰卫视生产机制和角色变迁为经，根据过往文献、报章书籍和深度访谈中获得的“口述历史”材料，在转型中国的社会场景中回看和反思媒介组织的发展脉络。通过这一脉络的推展，也为具体生产情境中个别“过程—事件”的深描提供了一个较为深厚的社会—历史背景。

其次，以凤凰卫视若干生产实况的考察为纬，聚焦于新闻生产、历史—人文生产和全媒体生产三种。这三种生产机制的实践，并非凤凰卫视媒介生产活动的全部内容，却为媒介组织的角色“表演”做出较大的贡献且拓展了“表演”所在的舞台空间，或汇集了更多的“聚光灯”和“观众”（广义上理解）目光，于是，它们也成为本研究大幕拉开后的登场主角（为了紧扣问题主旨，媒介组织在娱乐、财经等内容产品方面的实践与探索暂且不做讨论）。此间，涵括被动与能动、专业与激情、边缘与高端、技术与制度各种张力之间的鲜活内容都将有所呈现。

最后，在结论部分通过简明的论证，勾连生产机制、角色制造以及媒介体制的变迁之间在凤凰卫视的个案中所展示的关系，提出相较新颖的研究发现：即采用“一个立场，多种声音”的策略，使得凤凰卫视在“有限创新”以外，提供了可为理论界思考的变革行为和价值；并且，凤凰卫视在实务操作层面，也为中国体制内媒介组织提供了若干可资借鉴的生产机制范例。

在这样的章节逻辑支持下，现在我们就可以走进“凤凰”，去倾听它的“和鸣”之声吧。

第一章　凤凰于飞:生产机制与角色的演进简史

在改革中国的场景中,凤凰卫视的节目生产作为角色制造之"模式化的社会行为"的载体,受到转型社会施予的"规范性期待"(来自宣传管理部门等)和"信念性期待"(来自观众个体和社会对媒介功能的共识等),它的生产机制和角色以一种体现出自身"偏好性期待"的情境化方式得以实践和实现。因此,三种不同的角色期待在"凤凰于飞"的十六年中(1996—2012 年)构筑起一个"模式化"的范畴,而在这一范畴内,凤凰卫视在自身的社会行为中尽力发挥媒介组织的最大能动性,并在公司运作与社会责任、境外身份与内地传播、制度环境与技术环境以及话语空间与宣传管理等方面形成"复调",当这种"复调"唱响之时,"舞台"本身、"导演"、其他"角色"以及"观众"也受其影响,产生联动。

本章即在一个较为广阔的坐标系之内,简单回溯凤凰卫视生产机制实践和角色制造的演进历程,以期勾勒近十六年来"凤凰于飞"的腾挪身姿,并对接续三章(新闻生产、历史—人文生产和全媒体生产)中生产机制与角色的演绎情节做出社会—历史铺垫。

关于回溯,需要补充说明两点:(1) 试图避开两项危险,即主张每件事会变得愈来愈糟,或是假定每件事将会持续地进步——上述两种主张,通常极具说服力且表现出色,但我们还是要否定"潮流会朝着单一面向发展"这样的暗示①;(2)本章回溯并非"某年某月某一天"、"某地某人某一事"的"有闻必录"。"在历史的每个时点上,传播者的直接意图、策略和技巧,都需要和传播者操作于其中的脉络产生关联"②,于是,笔者将在转型中国的格局中,致密呈现不同阶段、不同情境的真实图景,展示媒介组织在演进之中的成长与长成、偶然与必然以及可为与难为。

具体而论,本章根据标志性的事件,将凤凰卫视的演进历程划分为三个阶段③,分别是创始期(1996—2000年)、发展期(2001—2006年)和成熟期(2007—2012年)。

第一节 创始期(1996—2000):承受"归属之轻"

诸多研究文献、新闻报道以及凤凰卫视的官方表述把1996年3月31日视作起点,因为在这一天,凤凰卫视中文台正式启播。但媒介组织,是在特定社会结构中进行媒介生产活动的特定社会组织。特定社会组织的产生,并不一定与特定组织产品的出现同步,一般是组织创始在先,产品呈现在后。1996年3月31日只是凤凰卫视的特定产

① Asa Briggs, Peter Burke:《最新大众传播史:从古腾堡到网际网路的时代》,李明颖译,韦伯文化国际出版有限公司2006年版,第4页。

② 同上书,第6页。

③ 此处的划分,是为了便于揭示凤凰卫视演进的特征和规律;在社会世界中,"历史的长河"并不会因为认识层面的划分而改道。

品（电视节目）与其承载平台（中文台频道）出现在观众面前的日子，而不是媒介组织的演进起点。

从这个意义上说，1996年3月25日更该被视作正式的起点。在这一天，“卫星电视有限公司与今日亚洲有限公司、华颖国际有限公司成立了‘凤凰卫视有限公司’，共同发展和经营在亚太区的华语商业卫星电视。在公司召开的第一次董事会上，确定刘长乐任董事局主席”[①]。

在一定的社会结构中，“为什么出现组织现象”是组织研究的“元问题”：“当代世界中所作的每件事几乎都是靠组织完成的。组织是当今社会的主要组成部分。事实上，我们已成为一个‘组织的社会’。”[②]从上述“元问题”回到本研究，凤凰卫视是如何出现的？又为何要承受“归属之轻”？从三个方面进行说明。

一、调适“技术—制度环境”

效率和合法性，是技术环境和制度环境对特定社会组织产生影响的不同要求。媒介组织与其他社会组织一样，容易在这两项要求上顾此失彼。在中国内地的电视行业，“万恶的收视率”和“冗长乏味的会议新闻”就是有失偏颇的典型。

反观凤凰卫视。自“老板”[③]刘长乐1994年在新加坡偶然产生

---

① 朱光烈：《附录》，参见朱光烈：《火凤凰》，现代出版社1999年版，第223页。

② 理查德·H.霍尔：《组织：结构、过程与结果》（第八版），张友星、刘五一、沈勇译，上海财经大学出版社2003年版，第3—4页。

③ 在媒介组织内部，凤凰业者对几位高层各有昵称，比如这里的“老板”刘长乐，以及下文中出现的“院长”王纪言，“钟老师”钟大年，“春台”刘春（后搜狐任职）等。

“创办一家面向全球华人的卫星电视频道”[1]的念头起，正因为能够调适“技术—制度环境”，我们才看到后来受到学者和业者认可的“凤凰现象”。

(一) 技术层面的利好与尴尬

关于创办凤凰卫视，刘长乐曾提到三个重要的技术性契机：(1) 当时的母体公司，也就是香港乐天发展股份有限公司，经过几年的资金大调整有了一定的积累，具备操作卫星电视的实力；(2) 数码化技术的发展带来了卫星电视成本的下降；(3) 又一个契机出现：亚洲一号卫星上的蒙古电视台因为财力的原因正准备退出，刘长乐及其团队通过与垄断该卫星的默多克新闻集团进行了多轮谈判，最终达成合作协议。在该协议中，刘长乐控股的今日亚洲公司与默多克的卫视集团持有相同额度的股份(45%)，默多克放弃了控股[2]。

较为利好的情势还在于：凤凰卫视中文台使用的是原来的卫视中文台频道。这一频道，在1993年的时候，在中国的覆盖面超过了3000万户。到1996年，卫视中文台声称其亚洲观众有6100万用户，其中4000万用户属于大中华区[3]。并且，原有卫视中文台的一批编辑、包装团队，继续留任为凤凰卫视工作，他们的专业意识和技能对中文台的荧屏形象加分不少，至今亦有助益。

“万事开头难”，也存在着并不利好的情势：“开台之初，凤凰卫视只有110多人，摄影棚也只有一个，而且布景是在来回转换，公司面积

---

① 钟大年、于文华：《凤凰考：建构一个新传媒》，北京师范大学出版社2004年版，第11页。

② 同上书，第12页。

③ 同上书，第15页。

不过3000平方米，办公空间紧促。"[①]直到1997年香港回归直播报道时，"为了节目后的字幕显得'壮观'、'好看'，把端茶递水的人也列了上去，也就一百多人，而真正做节目的只有三十余人"[②]。在当时的北京[③]更为尴尬，"一开始我们出去采访，别人都不认识我们的Logo，也不知道我们是哪一家媒体。有时我们只能含糊蒙人，说自己是某某主流电视台的"[④]。

综上可知，尽管凤凰卫视在创始期拥有难能可贵的技术性契机，但在低成本、"准专业"的摸索中，"如履薄冰做事"（刘长乐语）[⑤]成其真切写照。

（二）业者的能动性与制度环境

创始期的凤凰卫视，作为"改革开放条件下一国两制的产物，是改革的产物，而且是主要由内地传媒从业人员办起来的"[⑥]。用"院长"王纪言的话来说，"我们当初只是带着十几个人、七八条枪到香港，用'借船出海、借鸡下蛋、借梯上楼'的方式，把我们的理念和创意嫁接到合作股东现有的架构班子及运行经验之上，所以，凤凰成长和成熟很快"[⑦]。由此可知，"内地业者的理念和创意"成为创办凤凰卫视的核心。

---

① 钟大年、于文华：《凤凰考：建构一个新传媒》，北京师范大学出版社2004年版，第15页。

② 根据与原资讯台台长（现中文台台长）钟大年的访谈记录，2010年5月3日。

③ 1996年4月10日，神州电视有限公司在北京注册成立，该公司专为凤凰卫视提供节目制作、广告销售、委托代理等服务。

④ 根据与北京节目中心副主任张力的访谈记录，2010年5月31日。

⑤ 于文华：《凤凰考：重构华语视听空间》，北京广播学院2004年版，第15页。

⑥ 朱光烈：《凤凰卫视对中国传媒产业的意义》，参见朱光烈：《火凤凰》，现代出版社1999年版，第2页。

⑦ 朱冰、毕蜂：《口述凤凰》，作家出版社2006年版，第15页。

这批来自内地的凤凰业者,除了具有技术层面的经验与优势之外,对于转型中国的制度环境更加熟悉,能够直面且应对转型社会的"规范性期待"。毕竟,他们中的大多数曾在内地体制内的媒介组织、高校工作多年。在诸多内地观众、学者乃至同行那里,这批来自内地的凤凰业者被贴上了"理想主义者"的标签。但据笔者的调研和早前的接触发现:他们较少先验的预设,注重经验的实况,擅长"临场发挥",与其说是"理想主义者",不如说是"实用主义者"("有用就是真理"①)。凤凰卫视在创始期"不得已而为之"的实用选择,经常被外界理想化和美化。公允地讲,他们的选择绝非"为了突破而突破",而是以规避宣传管理"红线"(避免被"迎客松"②等)为前提,在生产机制的实践中"施展拳脚",扩大角色实现的"舞台"。

较为微妙的是,上述"理想主义者"标签、"被外界理想化和美化"也带给观众及社会各界一种被理想化和美化的"信念性期待"——这虽属错觉,但对于凤凰卫视的角色制造而言,却有正面价值。

除了凤凰业者的能动性外,凤凰卫视还遇到制度环境的两方面利好,且与之发生了良性互动。

一方面,香港回归的社会情势。1997 年前后的香港,成为全球瞩目的焦点,"香港—内地"这一组关系成为当时世人思考中国、亚太与全球问题的关键框架。在此节点,凤凰卫视从香港起步"拉近全球华人的距离",它的角色亮相持"天时地利"之优势。诚然,角色的亮相,需要生产活动的支撑,否则,难免昙花一现。我们可以看到:1997 年 9

① 冯友兰:《三松堂自述》,中国人民大学出版社 2004 年版。

② 凤凰卫视中文台被允许在珠三角正式落地,但每当出现意识形态较为敏感的内容时,节目会被一张"迎客松"的静帧画面所遮盖。

月，凤凰卫视直播了朱镕基在香港世界银行年会上的演讲——这是华语观众第一次通过电视看到中国国务院副总理的演讲，在那之前，我们只能看到正总理的演讲，在两会上做“政府工作报告”。同年 10 月下旬，凤凰卫视直播报道了江泽民访问美国——这是华语观众第一次通过电视看到中国国家主席访问外国的直播。[①] 我们还可以看到：1996 年初的系列节目“中国人民解放军驻港部队大纪实”、1997 年的“香港回归 60 小时直播报道”，凤凰卫视动用了可用的全部资源，生产相关的媒介产品，“同内地同行相比，凤凰的视角更加中立，更加自由，它对两个主要人物江泽民和彭定康给予同样的关注。尤其对亚洲区的华语观众而言，它提供了一个没有历史包袱、既定立场，而只有现场事实的报道方式”[②]。

另一方面，内地电视行业的变革。“九十年代以来，大陆电视传媒经历了巨大变革，这主要是内部和外部压力相互作用的结果。这两种压力既来自社会、经济和技术变革，也来自香港和国际日渐激烈的竞争”[③]。在对变革的期待和实践格局中，学者朱光烈把 1996 年电视界的“凤凰现象”与十年前广播界的“珠江模式”相提并论[④]。央视孙玉胜把 1996 年视作“中国电视的第一个新闻年”（《新闻调查》、《实话实说》等节目同年启播），但他也提到，“1996 年对新闻改革的决策者和实践者来说，意料之外的是当年的 3 月 31 日，杀出了一个‘香港凤凰卫视中文台’；而在 1996 年之后，中国内地电视新闻改革的进程远不

---

① 程鹤麟：《卖人法则》，载《点点滴滴》2009 年第 6 期，第 52—53 页。

② 于文华：《凤凰考：重构华语视听空间》，北京广播学院 2004 年版，第 14 页。

③ 黄煜、魏然：《从“喉舌”到党营企业——中国大陆电视传媒四十年历史轨迹探索（1958—1998）》，参见中华传播学会：《1998 年年会论文集》。

④ 朱光烈：《凤凰卫视对中国传媒产业的意义》，参见《火凤凰》，现代出版社 1999 年版，第 1—2 页。

及凤凰新闻节目的扩张速度”[①]。凤凰卫视的创办过程与内地电视行业的变革基本同步，同时，它又影响了变革的进程——“自下而上”和“由外而内”形成交光互影的态势。

虽有上述诸项优势以及逐渐被学界业界关注，但“夹着尾巴做人”（刘长乐语）依然是创始期的凤凰卫视面对转型中国制度环境的基本姿态。

二、树立“弱势”组织文化

笔者在调研中发现，大多数业者提到凤凰卫视时会说“我们是比较小的公司”、“我们把自己的事情做好而已”。这不是一种谦虚，而是组织文化使然。相较于凤凰卫视在外界的光环，在内部存在着一种“弱势”组织文化。“弱势”，意味着承受结构的制约、承认能动性的缺陷，但也在生产机制实践和角色实现中，能够“克服对大规模的迷信，强调小规模的优越性”，挖掘“小的是美好的”（small is beautiful）之潜力[②]，从而形成一种较为独特且有效的“偏好性期待”。

事实上，在凤凰卫视的创始期（特别是1997年开年之后），CNN（有线电视新闻网）就成为它在国际视野中的比对者，“华语CNN”、“华人世界的CNN”的推广话语也见诸报章。除了新闻产品的接近性之外，凤凰卫视与CNN在早期组织文化形塑中还有另一种接近性，即“将自己视为弱势者，一个与充满敌意的产业进行抗争的局外者”[③]。

---

① 孙玉胜：《十年——从改变电视的语态开始》，三联书店2003年版，第219页。

② E. F. 舒马赫：《小的是美好的》，李华夏译，译林出版社2007年版，第3页。

③ Lucy Kung-Shankeleman：《英国广播电视公司与有线电视新闻网的内部组织文化》，参见Simon Cottle：《媒介组织与产制》，陈筠臻译，韦伯文化国际出版有限公司2009年版，第133页。

CNN 的“弱势”组织文化有四个方面的展现[①]:

(1) 局外人与弱势者。我们并非主流,我们也打算继续维持这样。我们非正统的崛起方式是我们的竞争优势;激烈的竞争能确保我们处于这样的优势——因为总部在亚特兰大,而非纽约、华盛顿,所以,CNN 自创台起,就生成出一种文化自卑(culture inferiority)情结。但在 CNN,弥漫着“做就是了”的观念,当有了想法时,经过上级的许可,业者可以马上去做,不过,不会有人告诉你该如何去做。

(2) 开拓者与异议分子。我们是开拓者,我们的成功来自于我们的冒险精神,因为我们懂得把握时机,做事情的方法独具一格。我们不受限于既有的产业思维;只要我们坚守原则,未来也不足为惧——正是因为独具一格的观念与追求在起作用,CNN 成为一家勇于冒险、热爱挑战的电视机构。

(3) 对新闻的使命。新闻是 CNN 的核心,CNN 的新闻是提供全球市场的全球性产品;它也是独一无二的。我们重写了新闻的定义,我们的新闻使得历史演进有所不同——在海湾战争的报道中,CNN 业者曾说,“沙特阿拉伯的部长对我们而言,就像生活在底特律的人一样重要”。

(4) 立基于真实生活。我们了解真实生活:付钱买单的观众就是老板,如果不能满足他们,我们就无法经营下去。财富不会从天而降,而我们的钱也会花在刀口上。我们敢花钱,必要时亦会砸下重金,但是只愿花费在能为我们观众增加价值的事务上;我们必须贴近观众——CNN

---

① Lucy Kung-Shankeleman:《英国广播电视公司与有线电视新闻网的内部组织文化》,参见 Simon Cottle:《媒介组织与产制》,陈筠臻译,韦伯文化国际出版有限公司 2009 年版,第 126 页。

特别强调了观众的决定权，在20世纪80年代初的电视业是一种开创。

反观凤凰卫视，自其创始，它的“弱势”组织文化与CNN类似。时至今日，在若干业者自嘲为“鸟台”的凤凰卫视，“弱势”的组织文化使组织和业者保有危机感和自省意识——这种危机感和自省意识成为媒介组织自身“偏好性期待”的重要组成部分。比如，谈到凤凰卫视较有特色的历史纪录片，以《凤凰大视野》为代表，原凤凰卫视中文台执行台长刘春以一种戏谑但却实在的口吻提到，“我们凤凰就是个游击队，游击队是不得已而为之，游击队对我们台有好处，比如说我们做历史就是拾遗补缺，你们做大规模和深度，我们做不了，我就要做我的视线、我的角度”。

三、打造“广院”[①]电视台

在创始期，凤凰卫视中文台（1996年3月31日）、电影台（1998年8月28日）、欧洲台（1999年8月21日）分别亮相荧屏；凤凰网在1998年6月现身网络世界，《凤凰周刊》在2000年3月正式出街；整间公司在2000年6月30日进入香港股市创业板（代码:08002）。

频道的拓展（包括互联网、纸媒的拓展）体现了凤凰卫视的资源、产品累积，上市也是对凤凰卫视的产业认可。但在上述刚性的表现、指标背后，凤凰卫视在创始期具有一种特殊的“学院派”色彩，并影响了之后的发展。可以说，初期的凤凰卫视是一家“广院”电视台：“打江山”的头一批业者主要来自“广院”；笔者调研中遇到的凤凰业者，七成以上从“广院”毕业。

① “广院”，是原“北京广播学院”（现“中国传媒大学”）的简称。

的确，刘长乐曾在“广院”干专班读书，1994年，他在“广院”校园中与时任副院长的王纪言首次提到一起“做传媒”的可能。接着，一批“广院”教员钟大年（现中文台台长）、刘庆东（现国际经营副总裁）、郭滢（原《锵锵三人行》制片人）等，以及一批“学生辈”的刘春（原中文台执行台长）、董家耀（现资讯台台长）、梁冬（原《娱乐串串烧》主持人）等陆续加盟——这种较为亲密且专业的学缘、师缘关系，使得凤凰卫视在发展中减少了官僚习气，增添了精神共鸣，形塑了独特的“偏好性期待”。一如“院长”[①]王纪言所说，“在凤凰卫视创立的过程中，它有一个重要的历史点，就是几个志同道合的有抱负的人，因为一个偶然因素走到了一起，这个偶然因素发生在北京广播学院”[②]。

在偶然因素之外，“广院”电视台的打造也有一定的必然性：为什么“广院”能够办一家电视台？作为一名曾经的“广院”老师，王纪言解释道：“当年准备当电视学老师的我，经过了较多兼具专业和实务相结合的系统锻炼，这是广播学院形成的一种传统，就是在电视上从事教学的和在传媒业进行教学的人，首先应该是一个传播业者，是一个传媒业的精通者。‘广院’教学相长的传统一直延续到现在，使得学界和业界的优势我们都能兼而有之，并能互相补充。”[③]

在教学相长的经验、能力准备之外，在笔者的调研中，钟大年还提到“学院派”电视业者的两种特殊性：一是与纯粹做研究的老师的不同，“在实践中亲身体会到‘被理论’的新闻和‘被运作’的新闻之不同。前者，是在课堂里讲的，诸如属性、内涵、模式等，是一种被归纳出

---

① 这一昵称也反映出“广院”电视台的气场。
② 朱冰、毕蜂：《口述凤凰》，作家出版社2006年版，第12页。
③ 同上书，第11页。

来的理想化信条;后者是对新闻概念的外延认识。比如,新闻产品是怎么生产出来的,新闻机构又是怎么构成的,这些只有在运作中间你才能够体会到";二是与纯粹在媒介发展的业者不同,"从高校出来的人都比较'小气',比如我做资讯台就非常精打细算。反观现在体制内媒体一波又一波大气、大手笔的产业化、结构改制动作,真得静观其效"①。

"广院"电视台的打造只是一个起点,在媒介组织之后的发展中,不同地域的各类业者也逐渐加盟进来。回看凤凰卫视的头五年,虽然在技术与制度层面获得了一定的契机和优势,但无论是"做节目的只有三十余人"、"别人不认识我们的 Logo",还是"高校出来的人比较小气","只带着十几个人、七八条枪到香港",都说明凤凰卫视的归属角色很边缘、很弱小,但凤凰业者在"弱势"的组织文化、"学院派"的专业追求和生产机制的调适中承受住了这种"归属之轻",并将"归属之轻"变通地塑造为"偏好性期待"之"重"。

第二节　发展期(2001—2006):大中华区作为"舞台"

2001 年 1 月,资讯台和美洲台启播,24 小时不间断报道发生在世界各地的时事新闻和财经消息。即便如此,凤凰卫视仍将大中华区(Greater China)②的信息传递视为"重头戏"。从文化地理学的意义上

① 根据与原资讯台台长(现中文台台长)钟大年的访谈记录,2010 年 5 月 3 日。

② 大中华区(Greater China),是一个华人社区名词,涵盖以华人为多数住民之中国内地、港澳地区和台湾地区。

说，这样的处理体现了：人们总是会以某一地区为中心去认识世界，并通过创造一个有疆界的地域（通常排他的地域），继而通过对这一领土的控制来定义自己（包括生理方面和心理方面）并保卫自己[①]——华人观众（特别是内地观众）通过凤凰卫视的节目自我定义，并建构对它的“信念性期待”。

本研究将资讯台和美洲台的启播，视作凤凰卫视进入发展期的起点。发展期的演进历程，不能与创始期的决策、行动、事件完全割裂来看，并有如下新的特质。

一、时事资讯生产的磨合与提升

对权力、领导、决策以及沟通的分析表明，组织是动态的[②]。在创始期承受“归属之轻”的凤凰卫视在进入发展期之后，媒介组织的生产机制也在不断微调，目的是为了扩展角色制造的“舞台”，并在扩展的“舞台”上制造角色。

当然，任何组织的发展都存有内在的悖论：一方面，它们有变革所必要的资源；另一方面，它们可能更官僚化，从而反对变革。[③] 在创始期，凤凰卫视最早提出的成就角色是“城市青年台”，倚重香港本地成熟而强大的娱乐生产能力、资源和信息，在生产机制的实践中，讲求包装，不求即时性。正如钟大年所说，“一开始，我们这批人都是教新闻、

① 迈克·克朗：《文化地理学》（修订版），杨淑华、宋慧敏译，南京大学出版社 2005 年版，第 103 页。

② 理查德·H.霍尔：《组织：结构、过程与结果》（第八版），张友星、刘五一、沈勇译，上海财经大学出版社 2003 年版，第 202 页。

③ Heather Haveman, Organizational Size and Change: Diversification in the Savings and Loan Industry after Deregulation, *Administrative Science Quarterly*, 1993, 38: 20—50.

做新闻出身的，与 Star TV 原有工作人员的风格、理解，产生了不少分歧"[①]。甚至在早期管理层的讨论中，"一位来自西方的管理人员认为，电视就是娱乐、娱乐、再娱乐，在他看来，BSkyB 和 FOX 的成功就是证明，而且 Star TV 在新闻报道方面也有前车之鉴，所以坚决不同意上新闻节目。但是，刘长乐认为，尽管在世界上大多数地方，娱乐节目的确可能吸引和抓住观众，不过在中国，新闻性的节目同样也可以赢得观众"[②]。

彼时，凤凰卫视的确也没有足够的人才与资本开展新闻业务，哪怕到今天，无论是重大"时事"报道，还是日常"资讯"播出，"新闻"二字始终较少出现——"时事"与"资讯"，而非"新闻"，一方面可视作具有一定陌生感、吸引度的话语策略，另一方面也反映出创始期凤凰卫视在角色制造中的实用主义"变通"，这是因为：在创办初期，凤凰卫视并没有足够的人力、设备资源进行常规新闻报道，每天出新闻是不可能的，只能有选择地组织报道重大事件，而"时事"这个词比"新闻"显得时效性弱一些，使用这个词可以规避其在新闻生产中的"先天不足"——毕竟"弱势"不等于"示弱"，不能对凤凰业者的"偏好性期待"和观众的"信念性期待"形成负面影响。

但是，由于刘长乐及其团队的坚持，以及香港回归、戴安娜王妃葬礼、江泽民访美、朱镕基记者会等重大报道与《凤凰早班车》、《时事直通车》、《小莉看时事》等常规节目的积累；再加上 2000 年，创办四载的凤凰卫视实现了收支平衡，从该年年中起，强化时事资讯的举措——

① 根据与原资讯台台长（现中文台台长）钟大年的访谈记录，2010 年 5 月 3 日。

② 钟大年、于文华：《凤凰考：建构一个新传媒》，北京师范大学出版社 2004 年版，第 25 页。

筹办资讯台，提上了议事日程。

进入资讯台筹办的历史场景，我们可以看到一方面仓促的准备，另一方面则遇到可贵的契机。在节目生产线上，“从开始招兵买马到播出，一共半年时间。一百六十多人招齐了，三个月已经过去了，然后又是装修。到开始安装调试设备时，距离播出只有一个半月时间。当时，虽然有导播组，编辑组，外派记者，但大部分员工，都没有做过这种24小时直播频道。播出系统虽然先进，性能却不稳定，经常在直播节目马上开始的时候，它断线了”[①]。在时代节点上，动荡的世界局势为这个刚成立的资讯频道提供了展示身手的“戏码”，“2001年在凤凰卫视资讯台成立不到一年的时间里，接连不断发生大事：中美南海军机相撞、‘9·11’事件、国航坠机、莫斯科人质事件等等”[②]。资讯台对这些事件（特别是“9·11”事件）的报道，在观众中逐渐树立了“大事发生看凤凰”的“信念性期待”。以上的仓促与契机，也可以用资讯台副台长程鹤麟写下的两段不同风格的文字来表达。

关于仓促。他写了一首《壮丁谣》：“凤凰儿女好作风，自带干粮去办公，搭时间，先垫钱，应急部队乱哄哄，说你行，你就行，实在不行倒栽葱。（白）不行就别混！忽然雨，忽然风，忽上忽下忽西东。指到哪，打到哪，身经百仗不倒翁，凤凰个个是壮丁，风烟滚滚唱英雄。”[③]

关于契机，他归纳了当时资讯台的“八个第一”：“全球第一个覆盖了两岸三地的全天候华语资讯频道；第一个地处香港聚集了两岸三

---

① 张林、蓝艺：《大事背后：凤凰卫视资讯台揭秘》，中国和平出版社2005年版，第59页。

② 钟大年、于文华：《凤凰考：建构一个新传媒》，北京师范大学出版社2004年版，第29页。

③ 张林、蓝艺：《大事背后：凤凰卫视资讯台揭秘》，中国和平出版社2005年版，第59页。

地及海外电视人的电视媒体；第一个跨洲进行同步联播的华语电视台；第一个每天在京、港、台连线制作电视节目的传媒机构；第一个在亚洲、欧洲、美洲拥有制作基地和记者站的华语频道；东南亚第一个采用光纤网络采集、编辑及播出系统播放节目的电视台；亚洲区第一个拥有低温照明系统、自动遥控摄录系统、全方位旋转式取景演播台录影棚等高科技设备的电视机构；荟萃于此用高薪聘用的来自中国内地、台湾和香港两岸三地人气极旺的主持人和资深评论队伍，在香港、在亚洲、在整个华语传播界中都是首屈一指的。”①在仓促与契机之间，凤凰卫视通过一个新立的资讯频道，通过生产机制实践的磨合和提升，进入了它的第二个阶段——发展期。

二、“南北东西”的人才招揽

媒介组织的生产机制实践，有赖于业者；生产机制实践中的角色制造，也倚重于业者。从“广院”电视台起步的凤凰卫视，在进入到发展期之后，并没有“任人唯亲”，限制人力资源范围，而是尽可能地网罗两岸三地的专业人士，“在这里，集合了内地、台湾、香港和西方的电视人，尝试将代表内地深厚传统的北方文化，代表港台前卫潮流的南方文化以及西方的现代表现手法，熔铸一炉，形象‘凤凰’的独特风格”②。

的确，除了创始期从两岸三地加盟的陈鲁豫、窦文涛、闾丘露薇、曾静漪、许戈辉等，借凤凰卫视资讯台启播之机，陈晓楠、胡一虎、吕宁

---

① 张林、蓝艺：《大事背后：凤凰卫视资讯台揭秘》，中国和平出版社 2005 年版，第 19 页。

② 朱光烈：《前言》，参见《火凤凰》，现代出版社 1999 年版，前言第 1 页。

思、曾子墨、阮次山、何亮亮、杨锦麟等也陆续被招揽进入“凤凰大家庭”。甚至时任《财经》杂志总编的胡舒立，也在2001年与凤凰卫视合作，出任资讯台的财经新闻总监（后因理念不同而离开）。

这批当时的“凤凰新人”，从后续表现上来看，基本符合了本尼特描述的新闻业专业化标准：“保持政治中立；保持高雅和品位不俗的标准；运用文献资料的报道方式，这些是物证；利用标准格式来写新闻；训练记者成为‘全才’而不是‘专家’；编辑审查确保这些方法的执行。”[①]而在日常化的生产机制实践中，如果用新闻总监吕宁思（他本人也是在2001年进入凤凰卫视）的话来说，就体现为：“对新闻有发烧热情；有英雄主义气概；有乡下人似的好奇心；熟悉当地事务，掌握人脉关系；掌握一门应用外语；会使用DV摄影机；熟练使用计算机及操作电子视像专线发送；会驾车；电视出镜报道形象不错；有忧国忧民之心无哗众取宠之意；有政治敏感无政治野心；写稿编稿打字如飞；既要服从指挥又能独立作战。”[②]

随着媒介组织逐渐远离娱乐、青年化的内容生产，新入职的凤凰业者也在同一方向努力，“他们是积极的能动者，在一定的政治和经济框架下采取策略积极做出决定。他们尽可能地控制环境，还要在受约束的情况下高效地运作。他们的行为维持了、有时候也改变了基本的结构约束，但他们不能由这些约束来决定”[③]。这批业者在生产机制实践中，形塑且凸显了媒介组织的整体角色。

关于凤凰卫视资讯台的创建，不能不提一个人和一个频道：于品

---

① W. Lance Bennett, *News: The Politics of Illusion*, New York: Longman, 2001.

② 吕宁思：《凤凰卫视新闻总监手记》，昆仑出版社2005年版，第150—152页。

③ 大卫·克罗图、威廉·霍伊尼斯：《媒介·社会》（第三版），邱凌译，北京大学出版社2009年版，第148页。

海和中天。

事实上，早在1994年，于品海就有打造“华语CNN”的雄心，在香港创立传讯电视，推出中天(24小时新闻频道)和大地两个卫星频道。中天在俄罗斯、英国、德国、美国、日本、新加坡等世界十几个主要国家都设有记者站，网罗了一批优秀的传媒人才。但由于传讯电视人员多达六百余人，员工薪水动辄六七万港币，以及“抢滩大陆”的事儿始终没有着落。仅仅两年的光景，于品海就不得不与台湾的辜振甫家族达成协议，以60亿新台币卖掉了传讯电视和中天电视台。后来中天台屡次易手，换一个老板换一个主意，最终变成了一个地方新闻频道[①]——中天的“华语CNN”梦想虽有些虎头蛇尾，但在人才储备上开了一个好头。其中的甜头，反倒让后来的凤凰卫视尝着了。最具代表性的，就是原为中天总编辑的曹景行在1998年加盟凤凰卫视。另外，闾丘露薇、吕宁思、程治平、庞哲等二十多位主力业者，也都来自于中天。他们没有“如日中天”，却做到了“凤凰于飞”。

此外，在一定的社会结构和组织中，人力资源的价值不只体现在从业个体的观念与经验，也体现在关系网络的人脉与声望。比如，从中天跳槽到凤凰的曹景行，曾以两岸关系以及台湾大选报道获得好评。但是，他是如何获得采访资源的？以1998年10月，辜振甫访问北京、上海的报道为例，按曹景行自己的说法，“我们再怎么辛苦，一台机器加上两个人，无论如何也不可能拍下辜老的所有活动。好在我当过中天电视的总编辑，这家电视台后来就是被台湾的辜家收购了，我找到中天的旧同事达成协议：凡是要在电视台之间抽签决定采访权的

① 张林、蓝艺：《大事背后：凤凰卫视资讯台揭秘》，中国和平出版社2005年版，第36—37页。

活动，我都可以让他们去怕，但他们要让我们拷贝我们需要的画面”[①]。

三、重大事件的卡位和在场

朱羽君认为，“电视新闻直播已经成为媒体与社会的一种共振现象，在新闻事件发生的现实时空流程之上，电视媒介结构出与之平行流动的传播流程。它与事件并行，与现实共进，形成一种媒介现实。这一平行结构不但影响事件，更影响社会。在很大程度上，社会现实与媒介现实共同左右人类的生存状态，形成电视新闻直播的现代品格”[②]。就发展期的凤凰卫视而言，在重大事件的直播现场卡位，成为其演练生产机制且扩大角色“舞台”的常用手法。

在角色理论中，借用戏剧舞台的比拟，“行为的期待”又可分为“剧本期待”、“演员伙伴期待”和“观众期待”三类：回溯六年发展期，凤凰卫视的“剧本”上淡化了青年、时尚、娱乐的部分，强化了时事资讯的部分；在媒介组织的内部，从“香港人听不懂普通话，大陆和台湾人听不懂粤语，沟通要靠翻译，而普通话又分台湾式、港式、内地式三种，遣词用句上多有不同”[③]逐渐磨合，凤凰业者的角色认知逐渐趋同；电视观众也开始形成“拉近全球华人的距离”之“信念性期待”。

那么，上述期待，是通过什么方式得以建构乃至强化的？落实到一线生产当中，直播，特别是重大事件的直播，成为电视媒介组织“可遇而不可求”的机会。

---

① 曹景行：《光圈中的凤凰》，上海辞书出版社 2006 年版，第 9—10 页。

② 朱羽君、殷乐：《电视新闻直播的现代品格》，载《现代传播》2003 年第 5 期，第 18 页。

③ 张林、蓝艺：《大事背后：凤凰卫视资讯台揭秘》，中国和平出版社 2005 年版，第 59 页。

凤凰卫视在新千年把握住的第一次重大事件直播，是 2001 年的“9·11”事件。用《时代周刊》的话来说，“‘9·11’恐怖袭击事件之后的几个小时内，香港的凤凰卫视是千千万万中国人的唯一信息来源。北京中央电视台 CCTV 只在袭击之后做了简报，直到午夜之前没有提供任何其他的信息。而另一方面，只有 5 年历史的凤凰则对此进行了 36 小时的直播和连续报道。所有中国人都在寻找能够看到凤凰电视节目的朋友，许多大学生拿出他们的积蓄来到宾馆租房间，因为这样他们可以看到全面的报道”①。如果说《时代周刊》的评论还停留在内容产品及其传播效果的表面的话，那么，在“9·11”事件现场的报道行动，更展现了节目生产的生动场景。比如，在第二架飞机撞上纽约世贸中心后，凤凰卫视纽约记者站记者庞哲事后记录下当时的情况，“十点四十分左右（纽约时间），外面突然传来地震海啸一样震耳欲聋的隆隆巨响，长达十几秒钟，只觉得门窗在震颤，发出嘎嘎的响声，烟尘从四面八方向我扑来，我立即抱着电话，钻到了桌子底下，当时觉得心都要从口中跳了出来，闭上眼，屏住呼吸，等待最坏的事情发生。然后，就是无边黑暗”②。

在 2003 年伊拉克战争中，凤凰卫视又一次把握住了机会，在伊拉克外围制造了一个“信息包围圈”：开战之前，“讨论了从外围所有国家进入伊拉克的可能性，并且把可能上前线的记者队伍进行位置排列，包括每个记者所持有的护照类别，以及哪些国家可能对香港护照

---

① 钟大年、于文华：《凤凰考：建构一个新传媒》，北京师范大学出版社 2004 年版，第 140 页。

② 张林、蓝艺：《大事背后：凤凰卫视资讯台揭秘》，中国和平出版社 2005 年版，第 71 页。

免签证放行,哪些国家给中国护照发签证最便捷”[①]。接下来2月15日,凤凰卫视驻莫斯科记者卢宇光随俄罗斯国家杜马议员团进入巴格达;2月27日,郑浩进入巴格达;3月6日,驻华盛顿记者隗静、摄影萧燕抵达科威特城,成为可以采访美军导弹部队的唯一中文电视记者;3月7日,驻美国西部记者沈玫绮飞往多哈,那里是美军中央战区司令部;然后是3月22日,“战地玫瑰”闾丘露薇在“一个杀机四伏的黑夜,因车祸脖子上扎着绷带的她绕过一个个弹坑,从约伊边境向巴格达进发。她关了手机和卫星电话,把这些通信工具用胶布绑在小腿上,独自闯进了巴格达并迅速发回有关报道”[②]。

除了“9·11”事件和伊拉克战争,处于发展期的凤凰卫视,还进行了大大小小多次直播活动,不再逐一列举。仅以上述为例,可从中反思的是:直播,是一个“技术活”,但不只是如此。在凤凰卫视引以为自豪的若干重大直播当中,看不到特别有利、有效的技术支持,反而更多体现了人力、物力、财力上的捉襟见肘。他们赢就赢在生产机制的有效实践。如果其他内地体制内的媒介组织,在具有技术和政策优势的前提下,有意识去重视生产机制的调适,那么,凤凰卫视的角色光芒马上就变得黯淡,赋予角色之上的“信念性期待”也会分散、模糊。

四、策划“特别事件—活动”

除了通过节目产品直接影响电视观众,凤凰卫视在“特别事件—活动”上也动作频频。通过“特别事件—活动”的策划传播(planned

---

① 张林、蓝艺:《大事背后:凤凰卫视资讯台揭秘》,中国和平出版社2005年版,第78页。

② 同上书,第83页。

communication)，强化媒介组织在一定社会范畴中的“信念性期待”，以及对其自身的“偏好性期待”。在常见的“为了某些特定目的而有意识进行”[①]的策划传播中，媒介组织只是一个渠道、平台。但为了在有限的条件下更加充分地发展，凤凰卫视将自身变成“边说边做”的渠道、平台。

处于创始期的凤凰卫视，曾与央视合作播报柯受良“飞越黄河”活动(1997 年)，现场大大的 Logo 为新生的中文台做足了广告。在“飞越黄河”前后，从辽宁一个县级市(兴城市)开展公司展示会开始，凤凰卫视在吐鲁番、广州、乐山、北京等地的推介活动也陆续展开。

进入到发展期，凤凰卫视的推介活动不再简单地“就公司论公司”，而是以若干“特别事件—活动”为载体，配合电视化的呈现，制造更突出、深远的角色期待。

首先，基于人文地理探究的走读活动，比如“凤凰之旅”系列。自《千禧之旅》(1999 年)、《欧洲之旅》(2000 年)开始，在 2001 年，凤凰卫视与央视合作，推出《两极之旅》。刘长乐在起步典礼上介绍:《两极之旅》主要目的是“探索世界最寒冷的极地、世界最神秘国度、世界最鲜为人知的文化、世界最先进的科技盛地和世界最狂热的大都会等等。活动不仅仅是对南极洲、南美洲、北美洲、北冰洋、亚洲等的地理科考行为，而且是一次揭示不同种族、不同宗教、不同生活方式、不同文化内涵的历史探索，是一次全方位、多角度的人类文明史的全面展示”[②]。不过，虽与央视合作，但在具体的生产流程中，这次电视活动

---

① 丹尼斯·麦奎尔、斯文·温德尔:《大众传播模式论》(第 2 版)，祝建华译，上海译文出版社 2008 年版，第 163 页。

② 北京娱乐信报:凤凰卫视携手央视打造《两极之旅》，新浪影音娱乐，2001-12-18。http://ent.sina.com.cn/v/2001-12-18/67354.html.

的两家合作者依然是“统一行动、各自包装”。《两极之旅》总领队钟大年在当时解释说，“前期是合作拍摄，在后期两台将根据各自收视群体和观众需求的不同，确定不同的节目风格”①。可以看出，凤凰卫视策划、参与的“特别事件—活动”，并非盲目上马，而有其特定的针对性和目标诉求。这在《走进非洲》(2003 年)、《凤凰号下西洋》(2004 年)的摄制中，也有同样的体现。此外，这一系列的走读活动，对于凤凰业者的角色认知和组织认同也有裨益。笔者通过调研发现：只要是参与过“凤凰之旅”的业者，他们普遍把走读活动视为职业生涯的里程碑。

其次，基于视觉与时尚冲击力的选美活动，比如始于 2003 年的“中华小姐环球大赛”。这项“特别活动—事件”的广告语是“预约一整年的美丽”。在其背后，我们看到一种多元的传播法则，即在时代价值与历史意义的发掘之外，没有忘记呈现形式美感。在电视这种视觉化的传播平台上，很多时候，“形式就是内容”，美好的人、事、物在表层带来的愉悦，并不比内在的意蕴要差。而且，这一“特别活动—事件”，尤其是获奖“华姐”频频加盟凤凰卫视，一直吸引着各路佳丽的目光，而这些佳丽又吸引了更多观众(特别是年轻观众)的眼球；在节目之外，“华姐”的选拔是在几乎整个华人世界中展开，于是，选拔本身又在通过参赛者的智美身姿“拉近全球华人的距离”。

另外，由于刘长乐本人的宗教信仰和佛教对华人世界的影响，凤凰卫视还广泛传播、参与佛教活动，较有代表性的包括“2002 年法门寺佛指舍利远渡台海”、“2006 年法门寺佛智舍利佛指赴香港供奉”等，凤凰卫视以其境外体制外的归属角色优势，可以参与报道乃至促

---

① 北京娱乐信报：凤凰卫视携手央视打造《两极之旅》，新浪影音娱乐，2001-12-18。http://ent.sina.com.cn/v/2001-12-18/67354.html.

成此类佛教活动的开展。反过来看,也正是因为凤凰卫视与宗教界走得较近,宗教人士和机构也对凤凰卫视提供了广告赞助、拍摄经费等诸多方面的有利条件。

综观发展期的凤凰卫视,除了上述演进,2001 年 10 月,凤凰卫视中文台获国家广电总局批准正式落地珠江三角洲;2004 年年初,以扫描、梳理内地政治—历史事件的《凤凰大视野》节目推出;以及,2006 年 6 月,中国移动(香港)集团有限公司入股凤凰卫视——这些都密切了凤凰卫视和中国内地的联系,它的角色也开始从大中华区“舞台”的侧幕、边缘进入“表演区”。

第三节 成熟期(2007—2012):“新陈代谢”正反思

2007 年,是凤凰卫视第二个十年的开端,本研究也将其视为成熟期的开端。在此期间,凤凰卫视并没有一味“做大”,而是有所“做强”;但就在“做强”的同时,它在节目生产和角色制造中也遇到了瓶颈。那么,如何“做强”? 何种瓶颈? 从三个方面说明。

一、与意识形态的博弈

凤凰卫视的头十年,通俗点讲,是“不按常理出牌”的十年。按照克里斯坦森的理解,“在基于‘破坏性技术’(disruptive technologies)的演进中,企业提供的产品性能虽然要低于主流市场的成熟产品,但因为拥有了一些边缘消费者所看重的其他特性,从而在相应的社会结构中获得一定的青睐”[1]。但此阶段之后，在“破”与“立”之间，企业组织的决策、思路需要转向后者，也就是要更加重视“延续性技术”（sustaining technologies）的施展空间与可能性。所谓“延续性技术”，都是根据主要市场的主流消费者长期以来所看重的性能层面来提高成熟产品的性能，否则就算我们把每件事情都做对了，仍有可能错失城池[2]。

诚然，进入到凤凰卫视的第二个十年，由于其“破坏性技术”及其背后的生产机制越来越被观众、同行以及内地宣传管理者所熟知。确立什么样的“延续性技术”（也包括其背后的生产机制），成为今后发展的关键性议题。而“拉近全球华人的距离”的成就角色，作为一种话语策略，也被凤凰卫视在各种时机、场合不断强调。这种强调，体现出境外媒介组织与内地意识形态的一种博弈。具体的探究，可从正反两个方面进入：

从正面来看，与意识形态进行博弈并有所超越，特别是超越两岸三地政治话语的节目生产，容易得到不同区域华人群体的认可，这与央视、新华社等由于归属角色的制约而招致“角色反感”迥异；并且，“拉近全球华人的距离”的成就角色也可帮助凤凰卫视“无国界传播”的目标得以实现，虽然，这一目标在成熟期并没有完成（在台湾落地差强人意，在内地拓展不易，在香港及其他区域的收视不乐观），但至少给出了一个长期的愿景。

从反面来看，凤凰卫视一直在与意识形态进行博弈，有着现实层

① 克莱顿·克里斯坦森：《创新者的窘境》，胡建桥译，中信出版社 2010 年版，引言第 7 页。

② 同上书，引言第 6 页。

面的尴尬:如履薄冰、兢兢业业十余载的凤凰卫视,作为一定社会结构中的具体行动者,熟谙"变通"之道,即"在未得到制度决定者的正式准许、未改变制度的正式程序的情况下,自行做出改变原制度中的某些部分的决策,从而推行一套经过改变的制度安排"①,但这种"自下而上"的"变通",却没有通过一次次、一项项实际绩效的得到而真正获取合法性,没有通过"正式化程度的提升"和"变通的扩散"两个环节,最终推进内地媒介体制质的变迁——至今,在节目生产的具体场景中,凤凰卫视还是需要为"潜规则"和"灰色地带"费思量。此间又衍生出一个悖论:如果放弃对于意识形态的博弈,"越来越像央视"的角色质疑就会不断扩散,事实上,处于成熟期的凤凰卫视经常为此受到诘问;但如果继续和意识形态博弈甚至完全超越,那么,在一个宣传管理愈加严格、体制内媒介组织"被优待"与财力日盛的发展阶段,凤凰卫视的角色空间就会愈加狭小,一个眼前的反面案例,就是2010年被正式"关在门外"(在内地收看不到)的阳光卫视。

不过,笔者还是要指出:与意识形态的博弈,虽显尴尬且存有悖论,但也使凤凰卫视存有动态的危机意识和边缘化的生产机制活力。这种危机意识与活力,一方面或明或暗挑战内地宣传监管的"红线",另一方面也成为境内体制内媒介组织的变革参照。

二、基础设施的"新陈代谢"

"你们就是县级台的规模",这是1996年一位内地电视业者与凤凰卫视合作时给出的评价。这句评价在之后十余年中,成为凤凰业者

① 刘玉照、田青:《新制度是如何落实的?——作为制度变迁新机制的"通变"》,社会学研究2009年第4期,第134页。

以及外界报道常常引用的“金句”。在凤凰卫视组织内部，它折射出一种无奈，也有一种自豪；在外界看来，它体现出一种潜力，也是一种暗讽：体制内的县级、市级、省级乃至中央级电视台，究竟在做什么？又做出了什么？

不可否认，当下媒介组织的生产愈加体现出“社会系统工程”的特征，对资金、技术、人才的高投入成为应有之意，因此，“小作坊”绝非长久之路。如果说，在创始期和发展期，凤凰卫视还可以通过类似“县级台”的“弱势”话语在媒介组织内部进行自我激励；并在组织外界，形成一种特殊的推广策略。但到了成熟期，“该有的还是要有”，否则人才的流失、优势的递减就难以避免。事实上，近年来的确出现凤凰业者转投他处，为体制内的央视、新华社或市场化的其他媒体公司效力的情况。

正缘于此，处于成熟期的凤凰卫视在基础设施的“新陈代谢”方面动作频频。其中最具代表性，就是在 2009 年 3 月 30 日，香港总部正式从红磡海滨广场一座迁入大浦新址。这次迁址，并不只是拥有了自置办公楼，获得空间上的扩容，其中更是“设有 6 个现代化演播室，最大的用于环球新闻中心的演播室，超过 2 万平方尺，环球新闻中心更拥有全球首台演播室上下飞行摄影机，最新联网全无带化制作广播系统，亚洲最高效能传输网络，以及亚洲最新 360 度智能主播台”①。而在技术升级的同时，刘长乐在概括总部迁址的意义时，特别强调了企业的实力与社会责任，“正值全球性的金融海啸，我们不但未裁一人，

① 《万丈高楼平地起》，载《点点滴滴》2009 年第 4 期，第 30 页。

反而增加了四个部门，新增招聘了七十多名新员工"[①]。另外，在2009年初搬入大浦之后，全球各地的凤凰业者被分批请到香港总部参观新址；借此契机，凤凰卫视驻扎在全球各地的记者也第一次在香港相聚。

以上举动皆可反映：在"弱势"组织文化、边缘突破之外，一种趋向强势的角色认同也在媒介组织中得以确立。

除了香港总部的搬迁，凤凰卫视对于首都北京的重视日增。2005年前后就开始有不少节目从香港、深圳"北上"，转到北京生产（《冷暖人生》、《锵锵三人行》、《新闻今日谈》等）；而在基础设施建设方面，这体现于2008年9月在北京市朝阳区朝阳公园西南片开工的凤凰国际传媒中心，这一新址"占地1.8公顷、建筑面积约6.1万平方米，将会成为北京一个新的地标式建筑"[②]。

与"新地标"形成鲜明对比的是，目前凤凰卫视北京节目中心坐落的凤凰会馆，虽有"会馆"的雅称，但其实只是人大附中对外出租的一座不起眼的小楼，凤凰卫视还是与其他几家公司合用这座小楼。而且，小楼内的工作条件也颇显"寒酸"：拥挤、网速慢、设备陈旧，演播室小、节目人手奇少，与央视等体制内电视台门禁严格不同，这里基本随意进出。许多凤凰业者，在打卡上班之后，选择在会馆周遭的咖啡馆商量选题、准备采访文案、整理稿件。于是，相较央视、北京电视台的新址近年来以"宏伟"身姿高调落成，从凤凰会馆到凤凰国际传媒中心的升级也变得更为迫切。在笔者的调研接触中，有多名凤凰业者正式或非正式地表达过对新址的向往、对老会馆的微词，甚至有年轻业者

---

① 凤凰卫视环球新闻中心启动，曾荫权高祀仁杨子刚等主礼，凤凰网，2009-03-30。http://phtv.ifeng.com/hotspot/dapu/200903/0330_6070_1084058.shtml.

② 凤凰书品：《凤凰私家相册（2）》，龙门书局2012年版，第248页。

开始考虑在北京东边租房或买房。据凤凰卫视的官方报道,北京凤凰国际传媒中心将在十五年庆的2011年竣工[①]。但由于“原材料及劳工成本上升、建筑面积增加”[②]等原因,迟至本书截稿的2012年底,该中心尚未交付使用。

三、成熟期的瓶颈与前景

进入成熟期的凤凰卫视,从香港创业板转到主板[③],已经成为拥有六个电视频道[④]和新媒体、刊物、出版、广播[⑤]、户外广告[⑥]、电视剧制作、教育等多元化业务的全媒体集团,在全球华人聚集区电视观众超过三亿,记者走遍世界二百多个国家和地区,一百多名世界政要接受过凤凰卫视的专访[⑦];并且,它从香港总部发展到在世界各地设有二十五个记者站,在深圳、北京设有节目制作基地;从不为人知、渐为人知到广为人知[⑧]——广为人知,意味着凤凰卫视的角色,已逐渐被对象人群接受。这也正如主播陈淑琬(曾任台北站首席记者)所言:“刚进凤凰时,真的得费一番力气,才能将新闻人脉渐渐代入凤凰的话语渠道

① 凤凰国际传媒中心明年竣工或成北京新地标,凤凰网,2010-11-13. http://v.ifeng.com/culture/201011/fc0ca832-f212-4f51-b507-42eb76be963a.shtml.

② 凤凰卫视[02008.HK]建凤凰国际传媒中心总预算增2.8亿元,和讯股票,2011-12-28. http://stock.hexun.com/2011-12-28/136749409.html.

③ 凤凰卫视于2008年12月5日正式由香港创业板转往主板上市,新的股票代号是(02008)。主板和创业板都是香港交易所证券市场的交易平台,但两板对上市有不同的要求,主板上市公司至少需要三年业绩记录,而在最近财政年度录得2000万元的溢利,并且在之前的两个财政年度有3000万元的溢利,至于创业板则没有盈利的要求,但公司必须在申请上市之前24个月有活跃的业绩记录。

④ 分别是中文台、资讯台、电影台、欧洲台、美洲台和2011年3月28日启播的香港台。

⑤ 2012年1月18日启播的数码电台——凤凰优悦广播。

⑥ 2007年5月9日成立的凤凰都市传媒控股有限公司。

⑦ 凤凰书品:《凤凰私家相册(2)》,龙门书局2012年版,第1页。

⑧ 段敏:《段敏的日记》,载《点点滴滴》2009年第4期,第25页。

中,但现在凤凰名号一出,谁与争锋!”①当然,新闻人脉的带入,呈现偏于动态的生产机制;凤凰名号的树起,呈现偏于静态的“社会身份”。动静之间,节目生产与角色制造交光互影,不可割裂而看。与此同时,这一现象的出现,也与转型社会的民众信息诉求、媒介变革的趋势和凤凰业者“点滴成海”的日常工作密不可分。

不过,就在节目生产与角色制造的“广为人知”背后,走向成熟的凤凰卫视,作为一家中等规模的媒介组织,也不可避免遇到若干瓶颈。基于瓶颈,笔者对其前景提出反思:

反思一:各区域、各部门之间如何协同?创始期与发展期的凤凰卫视,由于“船小”,在“好调头”的同时,也容易统一生产行动和角色认同。但到了今天,通过调研可知,香港、深圳与北京,乃至台北、北美与欧洲,凤凰卫视的分支及其业者之间逐渐出现“离心”状态,各有各的生产机制与角色意识,各地业者互相不认识是常见的,甚至在具体的生产机制实践与组织文化中也出现了“各自为政”的态势。那么,如何做好彼此之间的整合及互动?这就变为处于成熟期的凤凰卫视从“做强”走向“做大”的关键问题。自2009年创办的企业内刊《点点滴滴》,作为“凤凰人的手边读物”,或有“拉近全球凤凰人的距离”的考量。

反思二:角色制造与新的亮点在何处?笔者通过调研发现,多位凤凰业者提到:最近几年,凤凰卫视没有特别出彩的机制更新和产品创意,新近推出的几档节目也没有在内地同业和观众那里获得“眼前一亮”的反馈。事实上,在十余年来推出的“凤凰系列图书”当中,被

① 凤凰卫视,新浪微博,2010-09-14。http://t.sina.com.cn/phoenixqbzh.

津津乐道的还是创始期、发展期的几个经典案例；进入成熟期，可以评说的“干货”反而变少了——这一点在笔者与其他内地媒介业者交流中也被印证，他们认为：早年的凤凰卫视如同“横空出世”一般，那时的电视同业之间“言必称凤凰”。可是近年来，一方面由于看得多了，另一方面也在于凤凰卫视的确没有制造新的亮点。于是，在已有光芒的基础之上，去找寻新的亮点，也成为凤凰卫视实现“拉近全球华人的距离”之成就角色的务实思考。

反思三：如何面对被稀释的收视稀缺性？曾经的凤凰卫视，较难被看到，无论内容产品是优是劣，一种特殊的收视稀缺性反而被制造了出来。这种特殊的稀缺性，对其角色的制造，在较长时段和较大程度上，体现出一种利好。可是，由于2006年重组上线的凤凰网和其他互联网渠道的传播，再加上各地数字有线网络中“打擦边球”的信号接收成为可能，凤凰卫视的收视稀缺性反而被稀释。必须承认，通过新的传播渠道，凤凰卫视被更多的民众所看到乃至所喜爱。[①] 但另一方面，这也造成一种不利的局面，用一个现实中的例子来说明：笔者曾在某地方电视台挂职，当地业者在中高层决策会议上动辄以凤凰卫视的节目为例，提倡创新、变革。后来，该台在中高层管理者家中安装了接收设备，从此每天可以收看凤凰卫视的节目。自此，出现了一个微妙的现象：在中高层决策会议上，他们不再以凤凰“说事”。笔者特意询问了他们中的几位，得到的答复是：以前看不到凤凰卫视，或者只能通过网络看到部分节目乃至片段，会觉得有想法、很特别。但现在天天

---

① 一个佐证即为：根据Alexa2012年9月的数据，凤凰网在中国区排名位列第9，凤凰网的浏览量（PV）在全球电视与纸质媒体的网站中排名第一，领先于BBC、CNN、纽约时报、华尔街日报、CCTV等；参见：凤凰新媒体介绍，凤凰网，2012-12-03. http://www.ifeng.com/corp/about/.

看，才发现凤凰卫视的节目重复率高、内容也有些粗糙。当然，这个例子，并不意味着笔者觉得收视稀缺性被稀释是一件坏事。只是，凤凰卫视在收视稀缺性被稀释之后，是否还能保有不被稀释的核心内容？这也将成为凤凰卫视今后发展的重要议题。

诚然，对于凤凰卫视成熟期的反思，是建立在对其已有成就的认同之上的。今日的凤凰卫视，早已不需要承受当年的“归属之轻”，离实现“拉近全球华人的距离”之成就角色的距离也在缩短。“距离的缩短”，意味着角色制造的能动性在三个方面起了作用：首先，基本适应了作为生存和发展前提的“规范性期待”；其次，在适应的同时，树立且坚持了自身的“偏好性期待”；最后，观众的“信念性期待”也在其角色实现的“模式化的社会行为”中逐渐往有利的方向发展。

就此，本章对三个时期“凤凰于飞”的历程进行了简单回溯，为本研究建构了一个社会—历史维度的宏观参照系。在接下来的三个章节，笔者将进入三个性质不同的生产场景，以期“深描”凤凰卫视生产机制实践和角色实现的生动画面，并探讨它们和作为“舞台”的转型中国的关系。

第二章　大事看凤凰:新闻生产的能动与被动

从早期对于“时事”的倚重到后续对于“资讯”的强调,凤凰卫视始终较为回避“新闻”二字。正如闾丘露薇的回忆,“我记得 1997 年 5 月份,凤凰卫视开始有了新闻节目。但它用了一个比较奇怪的方式,它没有成立一个新闻部,也不说我要做个新闻节目,只有我们这些做节目的人知道自己是做新闻的”[①]。

尽管如此,新闻,作为凤凰卫视主要的内容产品;新闻生产,作为凤凰卫视主要的生产机制实践,它们还是成为媒介组织制造角色的重要因素。笔者借用凤凰卫视“大事看凤凰”的使命句,认为“大事”经由“看凤凰”的收视活动“拉近了全球华人的距离”。那么,“大事”如何在生产实况中获得?又如何体现出角色实现中的“模式化的社会行为”?本章基于但不囿于专业主义(professionalism)的视角,在新闻生产情境、行动者和“过程—事件”中进行“深描”。

---

① 张林、蓝艺:《大事背后:凤凰卫视资讯台揭秘》,中国和平出版社 2005 年版,第 15 页。

第一节 新闻研究的中层理论:从生产机制进入

《南方周末》2002年的新年献词有这样一段话:“你见到我们的时候,我们和新闻在纸上;你见不到我们的时候,我们和新闻在路上。”①笔者着重“在路上”三个字,进而理解“在路上的新闻”,走进新闻节目生产的具体情境,发掘媒介角色的制造实况。这与“在纸上”(或是“在荧屏上”)的文本分析不同,体现出一种新闻研究的中层理论,也构成了导论所言“生产机制的媒介研究潜力”的部分内容。

中层理论的进路,不局限于微观且静态呈现的内容产品,也非宏观的“结构—制度分析”。事实上,无论就凤凰卫视还是就其他媒介组织而言,从“结构—制度”的视角切入,常见的权力关系、控制因素、影响分析,无非告诉我们“新闻场域内最显见的权力有三个方面:一是政治权力,二是经济权力,三是新闻专业主义”②,“外部的媒介控制力量往往来自政府、大企业等相关组织”③以及“新闻记者与消息来源之间的权力关系”④,或者“媒介的意识形态控制”⑤在起作用——过往的研究,使用质性或量化的方法,已然从“结构—制度分析”视角看清了整体的图景和构成,或许有看穿、看透的意味。在新近一篇博士论文中,

---

① 2002年新年献词:《我们走在中国的大地上》,载《南方周末》2001年12月第27期,第1页。

② 吴飞:《新闻专业主义研究》,中国人民大学出版社2009年版,第211页。

③ Gaye Tuchman, *Making News*, New York: The Free Press, 1980.

④ Robert K. Manoff, Michael Schudson, *Reading the News*, New York: Pantheon Books, 1986.

⑤ Glasgow University Media Group, *Bad News*, London: Routledge and Kegan Paul, 1976.

政府、市场与媒介组织依然成为主要框架，唯有提到作为“其他社会力量”的相对独立的学界（知识分子）和其他非政府组织时，才体现出一点基于本土脉络的质感和创见①。

由此联想到，在展开调研之前，曾有学界前辈关切并质疑道：究竟能做出什么新意（anything new）？

在笔者看来，或能从中层理论的视角选择中做出回答。此一回答，也一并交代了进行节目生产和角色制造关联研究的可行性。

默顿的《社会理论和社会结构》辟出专章讨论社会学研究的中层理论。在他看来，“中层理论既非日常研究中广泛涉及的微观但必要的工作假设，也不是尽一切系统化努力而发展出来的用以解释所能观察到的社会行为、社会组织和社会变迁的一致性的统一理论，而是指介于这两者之间的理论，要介于社会系统的一般理论和对细节的详尽描述之间”②。

那么，如何达致“中层”？而非“在天上画地图”（宏大叙述）与“在地上讲传说”（微观描述）？也避免周雪光所说的，“研究工作者使用很多概念词汇，但这些概念词汇并没有构成一个互相关联的有机体，所以我们有很多信息但却不是知识；许多研究者分析社会现象的直觉极好，时有惊人之语，但这些观察往往没有建筑在坚实的理论基础上”③？

本研究受启于中外两位学者——德赛图和孙立平。

---

① 芮必峰：《政府、市场、媒体及其他——试论新闻生产中的社会权力》，复旦大学2009年。

② 罗伯特·K.默顿：《社会理论和社会结构》，唐少杰、齐心译，译林出版社2006年版，第59—60页。

③ 周雪光：《组织社会学十讲》，清华大学出版社2003年版，第2页。

在德塞图看来，我们要从实践中看待日常生活。“日常生活是一个实践的场所，其中既存在支配性力量，也存在对支配力量的抵制。日常生活就是由持续变动着的、围绕权力关系运作的一定的实践构成的”。[1] 在这个意义上，笔者认同吴飞的说法，“德赛图为我们提供了一个好的研究视角——进入日常生活的场域去分析和建构理论，而不是像站在高楼上俯瞰街上的行人那样去观察和建构研究文本。因为，研究者只有俯下身去，才能倾听到人群中那些没有说出来但是可以觉察的意识和不满。任何巨大的社会结构性变化，一定起始于细微之事，在沉默中爆发，于无声处听惊雷，似乎令人诧异，但因果在焉”。[2] 潘忠党和陆晔也曾运用德赛图的“日常生产实践”理论较好地分析了中国内地记者和媒体工作者如何根据其所处的具体语境进行挪用和重构。[3]

借德赛图的“一双慧眼”，本研究将进入凤凰卫视的“新闻生产的日常实践”。“新闻从业者每天有意识或无意识地进行着的普通的、细微的、琐碎的、程式化的、惯常的、例行的新闻信息的采集、组织与传播等实践活动”[4]，也就需要我们既要在“新闻生产的日常实践”经验中嵌入观念的活动，又要在观念的活动中倚重经验的展开。

那么，若使用中层理论的视角，又该如何借助“一定”的观念框架，走进充满“不一定”的经验场景呢？孙立平的“过程—事件分析”在此登场，理由是：包括凤凰卫视在内的中国新闻业于社会转型过程中的

---

① Michel de Certeau, *The Practice of Everyday Life*, Berkeley: University of California Press, 1984.

② 吴飞：《新闻专业主义研究》，中国人民大学出版社 2009 年版，第 210 页。

③ 同上书，第 205 页。

④ 同上书，第 181 页。

高度不确定性以及其中非正式因素的作用，即被有关学者概括为“临场发挥”的特征。只有将着眼点放在动态的实践行为之上——正是这些流动的“微小实践”构成社会生活的基础和重大历史场景的社会过程——才能超越因果关系的传统视野，并将“支配的微观结构加以理论化”①，凤凰卫视的角色制造及其理论价值方能更好地浮现。

最后要说明的是：中层理论并非始终处在一个静态的“中间地带”，而是在宏观和微观、应然和实然之间往复做功。

第二节　专业主义：三种悖论的检视与反思

在传者与媒介生产（特别是新闻生产）的相关研究中，专业主义成为一个难以回避的词汇。但正如黄旦所说：“如果把从怀特‘把关人’开始的对媒介组织的认识和研究简略概括一下，其研究视角大致经过了从个体到组织到社会制度的过程；其研究重点，由个体的新闻选择，到组织、社会对新闻选择的影响，再到媒介组织对社会观念、意识、文化的制造与复制，其基本思想，自专业主义到专业主义所受的种种压力以及对专业主义的批判，从信奉客观、公正到对媒介符号系统的意义以及生产这种意义的过程的探究——这也就是：从新闻专业主义立场始，最终带来的是对新闻专业主义思想及研究的解构。”②

即便如此，本章对于凤凰卫视新闻生产机制的探讨仍基于专业主

① 陆晔：《权力与新闻生产过程》，《二十一世纪》网络版，2005-12-30。http://www.cuhk.edu.hk/ics/21c/supplem/essay/0302037g.htm.

② 黄旦：《传者图像：新闻专业主义的建构与消解》，复旦大学出版社2005年版，第12页。

义的框架,但会就三种悖论进行检视与反思。这三种悖论,体现在规范与描述之间(理论层面)、理论与运作之间,以及主动与“被迫”之间(运作层面)。

不过,首先还是从“专业”(profession)的语词开始,对专业主义的框架做一简析。

一、从“专业”到专业主义的简析

刘思达在一篇关于西方职业社会学(这里的“职业”,与“专业”对应着同一个英文单词,即 profession)的论文中指出:在英语中,“职业”(也即本文使用的“专业”一词)意味着声明或者宣誓(professing)的行为与事实,强调高度专业化知识的必要性;但在德语中,职业的概念更强调了宗教的伦理观念以及对特定工作领域的占有;可是,在英语、德语中对于“职业”与“行业”(occupation)的区分,在法语中却不明显。因此,职业的概念在各种不同社会语境下的含义有着很大的区别。也因此,西方学者很少试图对职业的概念进行跨国度的界定。于是,贝克才提出:放弃那种试图建构在科学的意义上客观、具体并且仍然能准确地描述外行人(layman)对职业的通常理解的定义。“职业”,从根本上说是一个符号,它的意义在于使一个行业的职业自觉性与从业者所享有的声望在社会中获得合法性①。

由上,“专业”(即“职业”)是一个受到语境限制的概念,专业主义亦然。那么,在西方语境中,新闻生产的专业主义指的是什么?陆晔和潘忠党将其概括为五个方面:“一、传媒是社会的公器,新闻工作必

① 刘思达:《职业自主性与国家干预——西方职业社会学研究述评》,载《社会学研究》2006 年第 1 期,第 198—199 页。

须服务于公共利益,而不是仅仅服务于任何政治或经济利益集团;二、新闻从业者是社会的观察者、事实的报道者,而不是某一利益集团的宣传员;三、他们是信息流通的'把关人',采纳的基准是以中产阶级为主体的主流社会的价值观念,而不是政治、经济利益冲突的参与者或鼓动者;四、他们以实证科学的理性标准评判事实的真伪,服从于事实这一最高权威,而不是臣服于任何政治权力或经济势力;五、他们受制于建立在上述原则之上的专业规范,接受专业社区的自律,而不接受在此之外的任何权力或权威的控制。"①

从西方切换到中国的语境,我们将如何使用新闻专业主义的理解框架与话语资源呢?吴飞认为,新闻专业主义理念是基于我们对传媒在社会结构中的地位和作用的认知的,而传媒的作用和地位又是基于我们对于社会结构的总体认识,基于我们对国家—社会—公众这一社会模型的设定,基于我们对于社会管理方式的设定②。

吴飞的解读强调了"对于社会结构的总体认识"和"对于社会管理方式的设定",但在笔者这里,更看重业者在生产机制实践中的职业行为。这种职业行为本身,往往更加鲜活、更具解释力。比如,内地资深业者贺延光曾说:"虽然遇到很多问题,但中国新闻事业一直在发展,这是一个不争的事实。我们当年刚刚参加工作的时候,并没有清晰的'记者'概念,只是知道自己要做的是'宣传干部'。可是在今天,起码'记者'这一职业概念已经深入人心。"③贺氏的言论,在西方或中国新一代的媒介业者看来,其中可能没有任何专业主义的体现。但在

---

① 陆晔、潘忠党:《成名的想象——中国社会转型过程中新闻从业者的专业主义》,载《新闻学研究》2002 年第 4 期,第 19 页。

② 吴飞:《新闻专业主义研究》,中国人民大学出版社 2009 年版,第 29 页。

③ 根据贺延光在北京第三极书店小型记者研讨会上的发言,2006 年 12 月。

社会—历史演进的视角下,这里体现出专业主义的一种进步。

二、从三种悖论中理解专业主义

新闻生产的专业主义话语及实践,在三个层面体现出悖论,分别是:规范与描述之间(理论层面),理论与运作之间,以及主动与被动之间(运作层面)。

(一)规范与描述之间的悖论

专业主义,究竟是一种规范性(normative)话语,还是一种描述性(descriptive)话语?在陆晔、潘忠党的分析中,似乎是一种"兼美":"新闻专业主义不仅具有描述意义,而且,只有新闻从业者的专业社区非常牢固地以专业主义话语得到整合,才能抗拒市场对严肃新闻话语的侵蚀;只有将建立在专业主义基础上的对媒体、对新闻工作者的期待变为全社会文化价值体系的一部分,才能抵御市场导向的新闻话语的蔓延。"①

但是,基于对功能主义专业主义话语的警惕,芮必峰反思了在中国进行的相关研究:"使用专业主义来'描述'中国新闻实践的当下、'规范'中国新闻实践的未来,总归是让人觉得若即若离,似是而非。而真正对中国媒体和从业者具有'描述'意义或起'规范'作用的似乎不是什么'新闻专业主义',而是那些被称之为'底色'(入世情怀、爱国主义、精英意识、英雄主义等)的东西。"②

无论"兼美"还是"皆失",上述悖论提醒本研究:不能套用一个先

---

① 陆晔、潘忠党:《成名的想象——中国社会转型过程中新闻从业者的专业主义》,载《新闻学研究》2002 年第 4 期。

② 芮必峰:《描述乎?规范乎?——新闻专业主义之于我国新闻传播实践》,载《新闻与传播研究》2010 年第 1 期。

验的专业主义框架对凤凰卫视新闻生产的“过程—事件”进行考察。如果说,专业主义理念作为一种“偏好性期待”作用于凤凰新闻业者身上的话,那么,我们更要关注他们这种“由外而内”的突破与来自“导演”、“剧本”的“规范性期待”之间是如何博弈的,由此,媒介组织的角色制造又是如何展开的。这样才有可能打破功能主义的束缚或过往研究的固有模式,从角色理论的视角看到更为丰富的图景。

(二) 理论与运作之间的悖论

在看到解放了的思考空间之后,还要追问的是:面对经验层面的不确定性,理论话语是否具有充分的说服力?在凤凰卫视媒介组织当中,有一批来自高校、理论界的业者,调研发现,他们敏感于新闻生产在理论与运作之间的悖论。正如钟大年所说:“教学教了十几年,实务做了十几年,在这两种过程中,我最大的体会是,教学和实务差距很大。过去,老师在课堂上给学生讲的,包括我自己给学生讲的,到了实际运作的时候,很多都行不通;新闻实践中的许多做法,和教学中所说的又有矛盾。”①

此外,理论与运作之间的悖论还源自于:理论工作者从新闻运作中获得的观念性素材有限,难免出现“画虎画皮难画骨”的情况。哪怕尽可能“贴地飞行”,还是难以避免业者的有意遮掩和“策略性表述”。毕竟,新闻生产一线有太多不为人知、更不愿为人知的“背后的故事”。诚然,“背后的故事”在此并非贬义,而体现出一种现实的生存选择,但它的确较难进入研究视野。

不过,如果研究者在研究初始阶段就认清理论与运作之间的悖

① 根据与原资讯台台长(现中文台台长)钟大年的访谈记录,2010 年 5 月 3 日。

论,尽量消解“被理论”和“被运作”的专业主义之间的隔阂。那么,由此展开的研究,虽非完美,但在逼近真相。

(三) 主动与被动之间的悖论

专业主义的最后一个悖论,存在于新闻生产的具体实践之中。

事实上,“被运作”的专业主义并非以单一的方式呈现。一般认为,具有专业主义意识和能力的媒介业者,会以一种自发而主动的方式,将其实践于新闻生产中。但通过调研发现:凤凰卫视若干为外界乐道的新闻生产活动及产品,究其根本,除了业者理念、素质和媒介组织的影响之外,更重要的原因竟是“迫于无奈”,“逼到一定的份儿上”,“不得不这样做”——这反倒让专业主义的图景在“规范性期待”和“偏好性期待”的张力下显得更加生动,从中,我们也可以看到更为真切的新闻生产机制实践和角色制造活动。

第三节　新闻生产:专业主义的能动性及其制约

2011 年 1 月,正逢资讯台开播十周年,凤凰卫视将十年来的新闻生产机制归纳为——一个目标:最有影响的华语新闻资讯媒体;两个重点:直播为先、整合报道;三个原则:第一时间、第一现场、第一解释;四个要求:独家、独特、独立、独到;五个标准:客观、公正、深入、深刻、生动。那么,媒介组织是如何通过上述目标、重点、原则、要求和标准的具体实践,在新闻生产中制造角色的?

虽然,本研究立基于凤凰卫视的生产机制实践,但究竟哪些频道的哪些节目算得上新闻生产的产品?这需要先明确,然后,再返回产品的“生产车间”和“流水线”。

根据凤凰卫视的官方资料，目前下设电视频道有中文台、资讯台、美洲台、欧洲台、电影台和香港台，常规节目被分为资讯节目、评论节目、访谈节目、财经节目、历史文化节目、社会专题节目和娱乐时尚节目[①]。本研究将凤凰卫视资讯台播出的资讯节目和评论节目视作新闻生产的主要产品（辅以部分划为其他类型的节目），结合情境、生产主体（行动者）与活动（“过程—事件”）三项要素，对新闻生产机制的实践和角色制造进行探讨。

一、新闻生产的情境：逼仄与突破

“情境”（situation），是一种个体或组织展开活动、彼此互动、生成角色的社会空间。情境的概念，类似于布尔迪厄所说的“场域”（fields），是一个指向特定对象的具有相对独立性的社会世界，但与之不同的是，在“场域”概念所强调的“自身特有的逻辑和必然性的客观

---

① 凤凰卫视首页，凤凰网，2011-01-18。http://phtv.ifeng.com/.资讯节目包括：《天下被网罗》、《凤凰早班车》、《周末晨早播报》、《凤凰资讯榜》、《午间特快》、《周末正午播报》、《时事直通车》、《凤凰子夜快车》、《有报天天读》、《华闻大直播》、《凤凰气象站》、《环球直播室》；评论节目包括：《一虎一席谈》、《凤凰全球连线》、《解码陈文茜》、《时事开讲》、《新闻今日谈》、《军情观察室》、《时事辩论会》、《总编辑时间》、《时事亮亮点》、《震海听风录》、《倾倾百老汇》、《台湾一周重点》；访谈节目包括：《风云对话》、《锵锵三人行》、《鲁豫有约》、《名人面对面》、《问答神州》；财经节目包括：《金石财经》、《财经点对点》、《财经正前方》、《股市风向标》、《石评大财经》、《新财富报告》、《股市直通》、《八方大市场》、《财智菁英汇》；历史文化节目包括：《开卷八分钟》、《腾飞中国》、《凤凰大视野》、《世纪大讲堂》、《大剧院零距离》、《筑梦天下》、《文化大观园》、《与梦想同行》、《我的中国心》、《智慧东方》、《南粤纪事》；社会专题节目包括：《社会能见度》、《冷暖人生》、《文涛拍案》、《皇牌大放送》、《今日看世界》、《记者再报告》、《走读大中华》、《媒体大摄汇》；娱乐时尚节目包括：《娱乐大风暴》、《美女私房菜》、《健康新概念》、《完全时尚手册》、《凤凰太空站》。

关系"[①]之外,"情境"的概念更加入了相对主观、具有能动性的"情境定义"(definition of the situation),这也正如托马斯所说的,"如果认定某些情境为真,结果它们就会成为真的"[②]。

基于上述特有逻辑与能动性、客观与主观之间的理解,凤凰卫视的新闻生产也就呈现出一个特定的情境,以及凤凰业者对特定情境的理解与行动突破。

初创时,凤凰卫视的新闻生产面临着尴尬。长期负责新闻节目的钟大年提到:"凤凰卫视一开始并没有明显的新闻、非新闻节目之分。并且,我们使用的频道(原卫视中文台),不是新闻性的,而偏向娱乐,节目要提前两周做好、入库,做宣传片也要提前一个月。他们的这套机制,与我们做新闻出身的人有冲突,我们强调即时、即兴的东西(特别是'院长'王纪言)。比如,遇到突发新闻事件,节目可能要调改,但是卫视中文台的人觉得改不了,因为备播节目已经入库了。必须要提前一周告诉他们,才能改。但这又失去了时效性。"[③]

之后,经过与原卫视中文台业者的磨合,凤凰卫视的整体风格与节目生产开始向新闻转型。这一转型,一方面是从内地来的凤凰业者(刘长乐也曾在中央人民广播电台做过多年记者)具有新闻方面的专业追求与激情;另一方面,据笔者的调研,是因为凤凰卫视的总部在香港,留用和再聘的本地业者能够较快地转变职业角色认知。不求"伟业"但"打好这份工"的职业意识起了作用,本港员工在经过一定的磨

---

① 皮埃尔·布尔迪厄、华康德:《实践与反思——反思社会学导论》,李猛、李康译,中央编译出版社 2004 年版,第 134 页。

② 罗伯特·K. 默顿:《社会理论和社会结构》,唐少杰、齐心译,译林出版社 2006 年版,第 633 页。

③ 根据与原资讯台台长(现中文台台长)钟大年的访谈记录,2010 年 5 月 3 日。

合之后,能够较好地在媒介组织中"'扮演'及担任某些角色,以及在一些特定的人之间,遵守某些规则和规范"①。并且,这一转型也意味着凤凰卫视从归属角色走向成就角色的开端。

但是,就一家从小规模起步的境外体制外媒介组织而言,至今,凤凰卫视新闻生产的情境仍显逼仄。笔者从媒介组织、业者以及外界三个方面进行说明。

(一)"嵌入"转型社会的新闻生产

香港,是亚洲乃至全球重要的"新闻集散地"。在这里,外媒与港媒的新闻理念、职业意识为凤凰卫视的香港总部接上了专业主义的"地气"。虽然一开始,它曾与"广院"电视台带来的"底气"有不匹配之处,但随着媒介组织的发展,两者互相制衡、逐渐汇流。

更为重要的是,在作为一种情境的香港之外,还要看到,"新闻是一种指称性的事业。这里的指称性(indexicality)意指,叙述被嵌入其自身所刻画、记录和构成的现实之中。也就是说,新闻在记录社会现实的同时也是社会现实的一种产品"②。凤凰卫视"嵌入"的社会现实不只是香港,那又是什么呢?

令狐列的说法很务实:"凤凰卫视,从初期到今天,就像一棵根植在中国内地的'大树',存在时间越久,受中国内地的影响越大,必然要受到更多的束缚。我们的公司、'老板'确实很艰辛,戴着镣铐跳舞。凤凰卫视在确保生存的条件下,还能够做一些开放思想、突破言论的努力,这是现实而残酷的。虽然,外媒、港媒比我们的尺度更大,但这

① Tim O'Sullivan, John Hartley, Danny Saunders, Martin Montgomery, John Fiske:《传播及文化研究主要概念》,杨祖珺译,远流出版公司 1997 年版,第 346 页。

② 盖伊·塔奇曼:《做新闻》,麻争旗、刘笑盈、徐扬译,华夏出版社 2006 年版,第 178—179 页。

也是基于它们的生产情境的允许。”[①]的确,任何媒介组织的生产机制实践都不能脱离具体的情境,角色实现活动也不能离开情境的“舞台”。新闻生产的能动性,不能脱离情境、“舞台”而奢谈。令狐列,是凤凰卫视的首席记者[②],通过他的表述,可以知道:在一个逼仄的生存、生产情境中,凤凰卫视虽是“比上不足”(主要与外媒、港媒相比),但却“比下有余”。并且,在不与国家机器直接冲突的前提下,它保持了一种运作层面的危机感与自省意识,这就使凤凰卫视的新闻生产首先确保了在大事发生的时候“能够被看到”——对于角色制造而言,“能够被看到”是一个不可或缺的先决条件。反过来说,作为一家以传播为业的专业化社会组织,如果其主体受众(内地观众)全然看不到或只能部分看到它的新闻产品,传播效果以及角色的实现必然会打折扣。

诚然,除了不可避免地深植入“所刻画、记录和构成的现实之中”,自 1996 年至今,凤凰卫视另一成功之处在于“根据变迁中的新闻生产情境,运用灵活的生产机制,树立了一个较为良好的媒介角色”[③]。这一良好角色的树立,实则走向“拉近全球华人的距离”的动态过程,其中折射出媒介组织在生产机制实践方面的能动性突破。通俗地讲,凤凰卫视“灵活的生产机制”体现出典型的实用主义和机会主义做派,它很像江浙中小型企业,并不靠政策、规模“吃饭”和“打拼”;它的成长与长成,也像内地的民营企业一样,点滴累积,走向规范。

---

① 根据与原北京记者站首席记者(现深圳节目中心副主任)令狐列的访谈记录,2010 年 6 月 3 日。

② 凤凰卫视的历史上有四位首席记者,分别是闾丘露薇、陈淑琬、令狐列和胡玲,由于闾丘露薇升任资讯台采访总监,陈淑琬从台北记者站调到香港总部任新闻主播,2010 年笔者调研时,首席记者只有当时在北京记者站的令狐列,2012 年起,北京记者站的胡玲成为又一首席记者。

③ 根据与原资讯台台长(现中文台台长)钟大年的访谈记录,2010 年 5 月 3 日。

而且,凤凰卫视创立于20世纪90年代中期,那时中国内地社会的整体趋势是“国退民进”,在媒介领域有类似表现。但到了21世纪头十年的末期,社会转型的趋势微妙地变为“国进民退”,在媒介领域也有类似表现,比如央视、新华社等国家级媒介组织愈加受到重视,人财物方面的投入也在升级。相较而论,凤凰卫视经年以来对情境的适应度和自主性虽在提升,但情境中出现的微妙变化,使得其在新闻生产中遇到的竞争乃至禁区在升级,角色制造的“舞台”聚光点也有所变化。

(二)凤凰新闻业者的情境定义

据笔者的调研,凤凰卫视虽在两岸三地乃至全球拥有多个记者站,但到目前为止,它的记者总数只有四十多位。这一数量,远少于央视、新华社以及其他国际性新闻机构,也少于内地一般省级电视台的新闻中心,大致与地市级电视台新闻部处于同一量级。

但就是这四十多位记者,构成了凤凰卫视新闻生产的“中坚力量”,“把女人当男人用,把男人当牲口”、“一个人干三个人的活儿”——这些流传于“传媒江湖”上的段子,并不夸张,在凤凰会馆一一坐实。

那么,这群在大事发生时以较高的效率去吸引民众眼球的凤凰业者,他们对于自身所处的生产情境又是如何定义的呢?这个问题,关涉到媒介组织的角色知觉(role perception),因为它正是社会个体在与社会互动之中对社会情境进行定义而获得的,包括“关系、地位、作用、权利、义务以及由此产生的行为认知”①。

① 奚从清:《角色论——个人与社会的互动》,浙江大学出版社2010年版,第94页。

在笔者的深度访谈中，不同的凤凰业者传达出一个相同的信息：他们普遍将凤凰卫视的行为、角色和自身的行为、角色视作一体——正因为人数、设备方面的“势单力薄”以及境外身份在内地采访中受到各种限制（在境外采访，凤凰卫视依然是境外媒体，还是受到各种限制），他们把凤凰卫视的角色制造出来、传递出去的意识反而更强。因此，凤凰业者的情境定义与媒介组织较为一致，对媒介组织的角色认知也较为统一。

从凤凰业者的角度来说，虽然在新闻生产中“发出华人的声音”成为一种共识，但对于“发声给谁听”的情境理解并不统一，不同记者站、同一记者站不同业者往往给出不同答案。其中的缘由，一方面，因为时至今日，就凤凰卫视而言，量化判断观众构成的收视率统计，仅能在其被允许正式进入的珠三角地区进行，而且仅限中文台。在内地的其他区域和境外的华人区域，凤凰卫视的收视率皆无法统计。所以，凤凰业者不明确“发声给谁听”是有客观条件的限制。另一方面，凤凰业者在主观上希望“发声给谁听”的确存在差异，也就是说，在通往“拉近全球华人的距离”之道路上，对于“全球华人”并非等而视之，而是有所偏重——传播对象的多元理解，对于凤凰卫视的生产机制实践而言，是一个持续性的问题。在这一问题尚未得到解决的时候，笔者思考的是：起码它没有恶化。为什么没有恶化？这就要看到角色制造对于节目生产的“反哺”功能，即凤凰卫视设立的“华语联结”成就角色，包容了对于“全球华人”的不同诠释，它本身的弹性理解空间不会从根本上影响凤凰新闻业者的“偏好性期待”及其生产活动，因而具有“求同存异”、“殊途同归”的凝聚力和号召力。

虽然，对于“给谁听”的理解不一，但对于在逼仄的情境中“发声”

（记者经常被拦、信号有时被掐、设备与经费捉襟见肘），无论是凤凰卫视管理层还是一线业者，他们都拥有较为统一的认知。这种认知，与上面提到的“反向对比”有着类似之处，比如，在笔者的深度访谈中，几位凤凰“新人”提到：正是因为凤凰卫视人少、机构小，所以，哪怕是新人，很快会被委以重任，突发性事件、出国报道、领导人采访等，在体制内的媒体不会落到你头上的重大任务都会马上派你去做。于是，你“被迫”要快速成长。再比如，也有几位凤凰“高层”提到：我们强调“轻启动”，新闻审查的层级少、包容度较高，也没有什么“宣传指令”（除了个别敏感事件）——无论是“新人”还是“高层”，他们在情境定义中传递出的能动性，在生产机制的实践中就体现为：一线业者在采访现场擅争取、敢说话；管理层在任务决策时机动、果断，这些都成为媒介组织突破逼仄情境的利好条件。

（三）从普遍到特殊的外界反馈

媒介组织及其业者难以跳脱社会的政治、经济及文化制约，需要通过自身的观念与经验在生产机制的实践中施展一定的能动性。在凤凰卫视的新闻生产中，即体现于对逼仄情境的突破。并且，外界（社会结构、其他社会组织等）在建构凤凰卫视新闻生产所处情境的同时，也在建构着对于凤凰卫视所处情境的认知。这种认知与凤凰业者的新闻生产形成互动，彼此的关系，生成相应的角色期待，又叠加、影响了动态的角色制造行为。这里的叠加与影响，聚拢到凤凰卫视身上，体现出从普遍到特殊、从远到近的三种反馈：

第一种是较为普遍的反馈，来自凤凰卫视的普通观众。北京记者站的摄影师周铭吉，在 2007 年之前，还是一名普通观众的他，对于凤凰卫视有着一种“神秘的向往”。而进入凤凰卫视工作之后，他依然认为,在社会上,凤凰卫视的角色是比较“神秘而遥远的”。民众对于凤凰卫视的情境反馈主要还是:在这家“香港的电视台”,新闻是能够说一些真话的[1]。事实上,这并不是客观的反馈。凤凰卫视并不是一家严格意义上的“香港的电视台”,至多是总部在香港并在香港上市罢了。但因为民众的情境反馈不客观,所以,他们往往会“仰视”凤凰卫视。面对这种“仰视”,在获得职业优越感的同时,周铭吉的以下观点,在凤凰业者之中具有代表性:“其实,在媒介世界中,凤凰卫视还只是一个‘小弟弟’,还有很多需要学习、改进的地方。如果凤凰卫视的生产情境完全被解密了,那么,大家对于它的角色认知会有较大的改变,难免产生‘不过如此’的印象。”[2]这就是说,普通观众对于凤凰卫视欠缺准确的情境反馈,反而为其节目生产和角色制造染上了一层“光芒”。凤凰业者认清并善于利用这种“光芒”,推进了自身的新闻生产工作。

第二种是较为特殊的反馈,来自凤凰卫视的重要采访对象,特别是党和国家的高层领导人。秦枫曾引述过这样一段对话——有一次,温家宝问刘长乐:你们凤凰有多少人?刘长乐说:我们全球记者只有四十多人。温家宝说:就那么少!但做得那么热闹[3]。胡玲也曾提到:我们强调在采访现场要露出 Logo,这样大家会感觉到凤凰卫视“抓”领导人比较多一点。在采访的时候,有很多领导人会说:怎么到处都能看到你们凤凰的人?实际上,我们的人很少,但是大家比较执著,勇于

① 根据与北京记者站摄影师周铭吉的访谈记录,2010 年 6 月 3 日。

② 同上。

③ 根据与原北京记者站记者(现香港卫视采访总监)秦枫的访谈记录,2010 年 6 月 18 日。

去“抓”关键人物[①]。当然，来自领导层的反馈也并不全是肯定和赞许，按照潘力的说法：私底下，他们很喜欢凤凰卫视“说真话”、亲民的风格。我们的记者在提问时，他们也确实想通过我们的平台表达他们的声音。但是，比如像温家宝在2010年5月接受我们的采访谈“弑童案”背后的社会矛盾问题——这样的采访，可以“安排”吗？如果是“安排”，他还会这样人性化地表达吗？若是“安排”，很可能就被官场的习气抹杀了。当然，很多领导人经常看凤凰卫视的新闻节目，他们若觉得凤凰卫视说得不对，也会把看法传达下来，这也需要我们在第一时间进行修改[②]。上述言论表明：所谓“大事看凤凰”——通过凤凰业者所关注“大事”里的“大人物”，以及，通过“大人物”对“大事”和凤凰卫视的反馈——得以强化。

在普遍与特殊之间，还有第三种反馈，来自于接受凤凰卫视采访的普通民众，“在一般的街头采访时，我们会遇到截然不同的两种反馈，一种很兴奋，凤凰卫视啊！另一种很漠然，不知道凤凰卫视是什么媒体”[③]。有时，还有另一类截然不同的两种反馈，“一种认为，你们凤凰卫视什么都敢说。但为什么遇到我的这个事情就不关心了？另一种认为，凤凰卫视已经‘沦陷’了，我对你们也没什么期待”[④]。

来自外界的三种情境反馈，形成了多元化的“信念性期待”，并影响到凤凰卫视的“规范性期待”和“偏好性期待”。这种多元的呈现，在新闻生产当中，“并不否认记者必须出色地完成自己的本职工作，相

---

① 根据与北京记者站首席记者胡玲的访谈记录，2010年5月31日。

② 根据与北京节目中心副主任潘力的访谈记录，2010年5月26日。

③ 根据与北京记者站摄影师周铭吉的访谈记录，2010年6月3日。

④ 根据与原北京记者站首席记者（现深圳节目中心副主任）令狐列的访谈记录，2010年6月3日。

反，新闻记者增进对多元化的理性认识，有利于妥善处理好新闻工作与社会责任意识、新闻工作与社会环境控制的关系，对新闻记者的采访工作大有裨益”[①]，同时，也对角色制造的活动有所推动。

二、新闻生产的主体：专业、声誉与关怀

凤凰卫视新闻生产的主体，包括从香港总部到深圳、北京节目中心再到全球各地记者站的各级别、各工种业者。

由于是一家自较小规模起步的媒介组织，凤凰卫视一直保有“全民皆兵”的生产状态。比如，在创始期的“香港回归60小时播不停”报道活动中，若干有别于央视等体制内媒体和其他外媒、港媒的独家画面，“比如江泽民、卓琳在海逸酒店里的镜头，就是刘长乐自己拍的”[②]。哪怕到了成熟期之后，刘长乐与星云大师在2010年对话时，依然强调并自信于“内行”管理“内行”的机制：“即使现在身为传媒商人，我仍然有到新闻的一线冲锋陷阵的冲动。做新闻是我与生俱来的强烈愿望，我对自己现在的工作状态不大满意：每天90%的时间花在内部管理、资金运作上，只有10%的时间来关心节目内容。但是，这10%已经让我很亢奋、很投入。每当碰到突发事件或重大报道，我的第一反应往往是：‘如果我是记者……’，而不是‘如果我是管理者……’。”[③]

“老板”身先士卒，对于媒介组织的“偏好性期待”影响力很大，上

① 蔡啸：《新闻工作者的角色理论分析》，载《湖北经济学院学报》（人文社会科学版）2009年第9期，第15页。

② 张林、蓝艺：《大事背后：凤凰卫视资讯台揭秘》，中国和平出版社2005年版，第61页。

③ 星云大师、刘长乐：《修好这颗心》，江苏文艺出版社2010年版，第21页。

行下效也是自然:2011 年初,胡锦涛访美,希拉里在欢迎仪式上向胡锦涛行贴面礼的独家照片是由王纪言(副总裁)亲自拍摄的;《时事辩论会》节目当前常设的主持人“海台”黄海波(中文台助理台长)、“程台”程鹤麟(中文台副台长)以及“刘台”刘庆东(国际经营副总裁)等都是凤凰高管——显然,刘长乐喜见于此,他曾说:“《时事辩论会》前前后后的四位主持人都是凤凰卫视的中高层管理人员,有时我正在主持会议,他们中的某一位会突然打断我说,对不起老板,我要去化妆了。有时他们还乐颠颠地自我吹嘘,在某个城市突然被‘粉丝’揪住要求签名云云。看着他们年过不惑还涂脂抹粉、童心未泯,我常常不由地会笑起来,真够难为他们了。”①

凤凰高管的新闻生产积极性,一方面,与境内体制内媒介组织(特别是电视台)形成反差。只要对境内体制内电视台有一定了解的人都明白,别说总裁、台长级别了,就连一般的总监、主任都远离一线很多年了,“哥在江湖上已是个传说”。这种反差体现了凤凰卫视“官本位”意识的淡薄和专业主义氛围的浓郁,也决定了凤凰卫视生产机制和角色层面的特殊性;另一方面,这种“自上而下”对于业务的重视,特别是高管“冲锋陷阵”的“业余”表现(相较成熟媒介组织分工明确的科层化实践而言),既是“弱势”组织文化在生产实况中的一种印证和强化,由此形成特殊的“偏好性期待”也影响到凤凰卫视的新闻生产主体在专业素养、职业声誉和人文关怀方面的表现。

(一)新闻专业素质的要求和养成

任何社会组织中的个体,都需要通过专业素质来获取认证(得到

---

① 程鹤麟、刘庆东:《真理越辩越晕:凤凰怪谭·时事辩论会》,北方文艺出版社 2007 年版,刘长乐序。

工作机会),并在具体的生产活动中,按照生产机制的要求去完成工作,由此实现自身以及所处社会组织的角色。不过,组织社会学的研究也告诉我们,“越是专业化的社会组织,其中高度程式化的、重复性强的、枯燥无味的工作,越是极容易使人产生‘抗拒心理’”[①]。那么,如何抗拒“抗拒心理”?特别是如何在高度程式化、重复性强并且薪酬不高、工作强度大的媒介组织中抗拒“抗拒心理”?业者的专业素质,在此起到正面作用。本研究将从“进入媒介组织的资质”和“进入生产情境的表现”两个方面,去理解和解释。

凤凰卫视,从默默无闻到蜚声华人世界,至今只有十六年的时间。那么,如何进入凤凰卫视工作?现有业者又具备了哪些素质?这不仅是社会与媒介同行关注的话题,也是本研究的兴趣点之一。对于不同时期的凤凰业者而言,进入凤凰卫视的要求也在发生着变化。在已有文献与报道中:创始期的“领路人”了解中国与媒体、具有大格局;发展期的“中坚力量”熟谙新闻业务、个性标签清晰。

但通过调研发现,在新近入职的凤凰业者身上,出现了与前辈不同的两种特质:具有一定“社会背景”的年轻业者不占少数。用通俗的话来说,“没有一点关系是进不来的”。当然,“社会背景”、“关系”在此并非贬义,也是转型社会的现实。笔者在凤凰会馆就听到或看到许多具有一定“社会背景”的年轻业者在凤凰卫视实习或参加工作,他们大多是慕名而来,但最后真正能留下来、干得好的,却并不多见。为什么?

对这一问题的回答可引出第二种特质:有背景,也要能干活。这

① 理查德·H.霍尔:《组织:结构、过程与结果》(第八版),张友星、刘五一、沈勇译,上海财经大学出版社2003年版,第7页。

是因为，凤凰卫视名声虽在外，可至今仍是一家规模不大的媒介组织，它“不养闲人”、也“养不起闲人”。一个想到加盟凤凰卫视的人，哪怕再有背景，若不能出活、不能吃苦，还是会被淘汰，或者自己把自己淘汰了——因为太苦太累了，既然有背景、有关系，还不如找其他轻松的工作。

于是，虽然不免受到“人情社会”、“关系社会”的影响，但凤凰卫视的新闻从业者，在整体上，还是保持了较高的专业素质，并在学历、执行力、勤勉程度等方面走在华语电视台的前列。更为重要的是，这批凤凰业者在进入逼仄的生产情境之后，他们的专业素质又不得不二度提升。周铭吉说起在莫斯科记者站跟着卢宇光实习的经历，就感叹道：“在凤凰卫视，有大事来了，必须得上，不管是否新人。当时，我在莫斯科实习，没怎么摸过‘大机器’，但有一个普京的重要活动，没人了，就直接拿着‘大机器’去拍。自然，拍回来的画面有些问题，镜头虚、偏色。但是，通过这种在实践中积累的教训，记得很牢，在面对风险的同时，成长得也很快。”[①]这种说法，在秦枫、赵情晴等其他年轻业者那里也得到印证。

上述“以赛代练”的“残酷”现实，“逼迫”凤凰的新闻业者（特别是“新人”）在具体的生产情境中提升自身的专业素质。当然，闾丘露薇、陈淑琬、令狐列等“中坚力量”在新闻生产中也起到了很好的典范作用，以及，凤凰卫视在公司内外有意识地树立这类典范，这又让全球各地的凤凰业者向他们看齐、靠拢。而且，这种看齐与靠拢，是跨越地理边界的。比如，洛杉矶站记者郭晶晶，因为在 2008 年独家采访了诺

---

① 根据与北京记者站摄影师周铭吉的访谈记录，2010 年 6 月 3 日。

贝尔化学奖得主钱永健，得以获评当年度凤凰卫视“最佳独家报道奖”。她在回香港总部参加节目年会时，特别提到：“在年会上，看到很多同事的报道很感动，反而更有心得；而在与他们交流时，比如与令狐列聊起汶川地震采访，就愈发认识到：大家都是为了新闻在努力，为了新闻理想在坚守。”①

（二）新闻职业声誉和“成名”机制

刘长乐在提到创办凤凰卫视的原因时，强调一种“小小的发心”：“在英语一统天下的世界媒体格局中打造出一片华语的天空。”②他的“小小的发心”，以及“拉近全球华人的距离”的成就角色，直接导致凤凰卫视新闻业者“成名的想象”变得有些“另类”，因为在他们眼前没有直接的参照物，既不在境内体制内，也不是港媒（粤语为主，不重视内地市场），更不是纯粹意义上的外媒（英语为主）。于是，他们的职业声誉也就变得与上述三类媒介组织不同。那么，他们是如何“成名”的（机制）？对这一问题的回答，可以帮助我们从职业声誉的视角理解凤凰卫视的新闻业者。

林富美认为，“在有关名声资本与场域生存心态交互之专业劳动商品化的动态历程中，电子媒体的产制场域似较平面媒体明显，原因是电视媒体累积名声效果远较平面媒体快速，透过电视声光视觉效果能立即而明显的表现劳动者个人穿着打扮、表达技巧与谈话能力等象征资本。对有心累积象征资本之新闻工作者而言，电视媒体无疑是重要场域”③。凤凰卫视正是看重“名声资本”的累积及其对角色制造的

① 根据与洛杉矶记者站记者郭晶晶的访谈记录，2010 年 7 月 15 日。

② 星云大师、刘长乐：《修好这颗心》，江苏文艺出版社 2010 年版，第 151 页。

③ 林富美：《当新闻记者成为名嘴：名声、专业与劳动商品化的探讨》，载《新闻学研究》2006 年第 7 期，第 51 页。

功能，从而有意识以“三名主义”（打造名主持、名评论员、名记者）机制提升新闻业者的职业声誉，并由此影响媒介组织接受的“信念性角色”和自身的“偏好性期待”。

进入凤凰卫视的初创期，可以看到：“三名主义”机制，在当时也是为了生存而不得不做出的选择。

先来看“名主持”的打造。“建立之初，一是自身资源还十分有限；二是内地政策对于境外落地媒体自己采制新闻有所限制；三是出于尽快为内地观众认可的迫切需要，凤凰便在‘名主持’上下工夫。”① 而且，由于是一间较小的公司，人力资源有限，窦文涛、陈鲁豫、许戈辉等在初期主要从事时事报道的主持人，成名之后，他们的职业声誉被视为媒介组织的“名声资本”，又被投入到其他非新闻类的节目中，“以人保戏”。这种超越新闻生产的“明星化”机制，由专门的主持人事务部来管理，“该部配有专车专人，负责打理主持人的一切。主持人外出，要坐公务舱；主持人住店，要住星级；主持人吃饭，不能去吃路边大排档；主持人见客，更不能素面朝天”②。

再来看“名评论员”的打造。虽然，何亮亮在资讯台十周年的特别节目中提到：“凤凰也许可以说是开先河的，这在世界上都很少见，一个电视台有八九个专职的评论员，而且能够受到观众的欢迎和肯定。我想这一点，目前其他电视台还看不到。”③对此，钟大年对笔者道出了原委：“媒介组织的生产机制的确有一定的规则，但其实很难预设，

---

① 钟大年、于文华：《凤凰考：建构一个新传媒》，北京师范大学出版社 2004 年版，第 65 页。

② 麦楠、王多多、张林：《凤凰术》，中国友谊出版公司 2006 年版，第 87 页。

③ 资讯台开播周年打造“三名”队伍评论员机制产生，凤凰网，2010-12-25. http://phtv.ifeng.com/event/special/zixuntaishizhounian/detail_2010_12/25/3697328_4.shtml.

也很难在事后用‘好’与‘坏’来判断。我们过去在广院教书的时候，很反对‘评论员直接说话’的评论，而习惯‘用事实说话’。但到了1999年5月份，凤凰卫视因为‘南斯拉夫大使馆被炸事件’做了整整一个礼拜的节目，每天晚上都有一到两个小时的播出量，但我们的节目没有那么多，于是就找了一帮人，比如邱立本、曹景行等香港报章的老总、总编辑来做评论，结果发现：效果很好，省事、低成本。后来，就在晚上开了《时事开讲》节目，专门找评论员来讲。到了2000年，这一机制就成建制了。”①

接着来看打造“名记者”。这种打造，体现出新闻业者职业声誉和媒介组织角色制造的一种互动。刘长乐曾说：“一谈到美国的记者都是资深的，日本、中国的台湾和香港的记者都是小年轻，所以出不了世界著名的专栏作家。我觉得我们的记者普遍存在浮躁心理，动不动就想当主持人，动不动就想当管理层，在美国没有这个观念。所以我在思考，培养记者的问题上，应该延续专业化路线，要树立一种观念，就是不见得你必须当上主播或者管理层你就有出息了，你好好当记者，搞专栏，一样有出息。”②“名记者”是可以做一辈子的；凤凰卫视也需要资深的“名记者”。我们再从一线业者的视角，看看如何能在凤凰卫视成为“名记者”？作为职业声誉较高的一名凤凰新闻业者，闾丘露薇成名于2003年的伊拉克战争报道，在那次报道之后，“战地玫瑰”的称号不胫而走，但参与报道的机会却并非“不请自来”，正如刘长乐的回忆：“当时名额很紧，我们本不准备派女记者去，但是她一直缠着自己

① 根据与原资讯台台长（现中文台台长）钟大年的访谈记录，2010年5月3日。

② 星云大师、刘长乐：《修好这颗心》，江苏文艺出版社2010年版，第178页。

的顶头上司,要求前往,最后缠到我这儿,才争取到这样一个机会。”①

此外,“新闻从业者的专业名望形成于互为条件的社会实践过程,表述社会对新闻实践的‘评估式诠释’(evaluative interpretations)”②。凤凰卫视往往是“边做边说”,通过形象短片、突发事件报道的重点推介、重大采访活动的“插空”宣传以及出版各类专书、自传、节目配套图书,配合“三名主义”的机制,强化凤凰业者的职业声誉及其背后的媒介组织角色,引导社会对其新闻生产进行利好的“评估式诠释”。

(三)人文关怀的多元光谱

如果说专业素质是新闻业者的本体要素,职业声誉是从社会获得的角色期待,那么,人文关怀则可认为是施予社会及民众的一种观念和经验力量。在凤凰卫视的新闻生产中,它是自上而下、逐级渗透的。

刘长乐曾说过,“凤凰卫视一贯把人文关怀当作我们的理想和目标。我们最大限度地尊重民众的知情权,尽可能多地把新闻传递给大众,尽可能多地把客观事实展现给社会。我们的镜头总是尽可能地瞄准民众关注的焦点。‘9·11’事件、莫斯科人质事件、阿富汗战争、伊拉克事件当中,凤凰把人文关怀做到极致,人的权利至上、人的价值至上,在我们的节目中成为我们最基本的理念,是我们的节目赢得全球华人的关注和赞誉的关键之所在”③。上述话语所传递的,还是一般意义上的人文关怀,许多同业都有类似表述。但在刘长乐和凤凰卫视及其业者这里,还有一种较为特殊的关怀意识,即来自佛教的“慈悲为怀”。

---

① 星云大师、刘长乐:《修好这颗心》,江苏文艺出版社2010年版,第33—34页。

② 陆晔、潘忠党:《成名的想象——中国社会转型过程中新闻从业者的专业主义》,载《新闻学研究》2002年第4期,第19页。

③ 凤凰卫视把人文关怀当做理想和目标,凤凰网,2094-03-31. http://www.phoenixtv.com.cn/home/zhuanti/200403/331/331_zxxx01.html.

比如,令狐列在谈到他参与过的灾难报道和突发事件报道时,多次使用了“人文关怀、慈悲为怀”的表述,并且强调了在艰苦条件下(在大山里“蹭车”坐、在农民家里借宿、早起夜奔等),记者工作的一种幸福感和包容的心态[①],而非一味强调采访的艰难和业者的隐忍。

再比如,凤凰卫视一年一度的广告年会都会放在佛教圣地五台山召开,凤凰同仁在会前还要与刘长乐一起跪拜。如果单看这一举动,或许会得出一种远离客观、趋近“迷信”的判断。但刘长乐却解释道:“我们敬畏佛祖,敬畏菩萨,实际上是一种敬畏心的教育与培养。媒体是社会公器,媒体人要对自己说出的每一句话负责,对观众、社会、良知和真相负责。”[②]如果再归纳一下,也还是他所说的,“侧重出世的关怀,强调超越世俗的利害关系,强调无我、利他的境界”[③]。

当然,凤凰卫视在新闻生产中也并非一味“出世”而为,一线业者身上的人文情怀,也有“入世”的两方面呈现:

一方面,针对一般民众乃至弱势民众。根据笔者的观察,在与他们谈话的时候,他们眼中流露出对于民众的同情和对于受访受限的无奈,从言语到举止都折射出一种真实的关怀。而且,他们往往会补上几句:“我们(凤凰卫视)虽然小,但是一个讲究良心的媒体”,“我们不一定能为老百姓说真话,但一定不说假话。”

另一方面,凤凰卫视绝非只是“眼光朝下”,凤凰新闻业者还具有一种传统文人、士大夫的心态——“眼光朝上”——对国家、政府也有

① 根据与原北京记者站首席记者(现深圳节目中心副主任)令狐列的访谈记录,2010年6月3日。

② 星云大师、刘长乐:《修好这颗心》,江苏文艺出版社2010年版,第107页。

③ 同上书,第100页。

一种基于“小骂大帮忙”[①]的关怀意识。比如,经常采访“高官”的记者秦枫对整个凤凰新闻团队的评价是“每个凤凰人都是爱国的,凤凰卫视其实是一种榜样,境内、体制内的媒体要向我们学习”。为什么这样说?根据笔者对凤凰新闻生产的观察和凤凰新闻节目的观看:凤凰业者采制的大量“高官”访问新闻,虽然会针对一些体制内电视台不愿、不敢触碰的敏感事件,但是,这些报道强调的是“国家—政府的回应”。这类回应,在很多时间,被凤凰业者理解为是对“西方社会—媒体回应”的再回应。通俗地说,也就是在一个较被西方认可的华语电视平台上,给中国政府一个“说话”(多是澄清)的机会。

由上,在凤凰业者的人文关怀中,我们看到的是一道混杂了宗教(慈悲)、民众(良心)与国家(士大夫)的社会光谱。这道社会光谱,令其媒介组织也拥有了一种基于更大格局的角色制造可能性。

三、新闻生产的活动:能动与“被迫”

除了生产情境和生产主体的因素在起作用,凤凰卫视的角色之所以能够通过新闻生产得以制造,还必须考虑到生产活动的“过程—事件”因素。这里的生产活动,与生产情境和生产主体息息相关且相互建构。

诚如吕宁思所言,凤凰卫视在新闻节目的生产活动中具有三项弱势:“其一,由于我们的定位、地位和地点原因,我们没有国内主要电视台在时政新闻资源方面的优势;其二,与中国当地电视台在各地占有新闻资源优势相比,我们在各地实际上都是受到良好对待但得不到良

---

① “小骂大帮忙”,是针对新记《大公报》的立场评价,被多位凤凰新闻业者用在自己的工作描述中。

好帮助；其三，由于有关规定限制，我们经常会被认为进行了‘不合法’采访，虽然我们自己不这样看。”[①]这三项弱势，构成了一把“双刃剑”，一方面导致刘春所说的，“因为中国目前的宣传管制环境，竞争对手、主管部门对我们非常严厉而敏感，对于我们的尺度限制，比一般的境内平面媒体都要严格”[②]；但另一方面，凤凰卫视新闻节目的生产活动由此也体现出较为另类的能动性和“被迫”的专业主义。

（一）从腔调到视角的能动塑造

贝克尔认为，“生产的艺术需要专业人员之间的精密的合作。而且，通过合作创作艺术作品的人一般不重新做决定。相反，他们多采用事前的协议，而这些协议多已成为处理此类问题约定俗成的‘惯例’。这里的‘惯例’（convention）是指在某一领域广泛使用的行为或技术”[③]。在凤凰卫视的新闻生产活动中，媒介组织和业者却擅长且惯于打破一些“惯例”，由此带来一种特殊的角色制造实践。比如台北站记者黄家腾曾说，“凤凰在台北是个特殊的存在，相对台湾媒体我们是外媒，但台北站记者都是台湾人，因此我们比其他外媒更容易取得受访者信任，讯息更快，但也因为是外媒，尤其是凤凰，受访者总会有小小的戒心”[④]。

被凤凰业者打破的，不仅是境内体制内的“惯例”，还有香港、台湾以及西方媒介组织中的“惯例”——在这种“四不像”的生产机制实践中，凤凰卫视从腔调到视角的塑造中展示了自身的能动性。并且，虽

① 吕宁思：《凤凰卫视新闻总监手记》，昆仑出版社 2005 年版，第 101 页。

② 根据与原中文台执行台长（现搜狐公司副总裁）刘春的访谈记录，2010 年 4 月 28 日。

③ 大卫·克罗图、威廉·霍伊尼斯：《媒介·社会》（第三版），邱凌译，北京大学出版社 2009 年版，第 148—149 页。

④ 凤凰卫视黄家腾，新浪微博，2010-06-11。http://t.sina.com.cn/hct1020.

惯于“打破”,但也通过长期磨合,最终在凤凰业者之间形成了贝克尔所说的“精密的合作”。

什么是腔调(accent)?在新闻生产的过往研究当中,这一问题常常被忽略,至多在方言新闻的探究中有零星提及。在凤凰卫视的新闻生产当中,腔调却成为颇具建构性的标签之一。腔调,这一概念被解释为:“因为地区或社会阶级的不同,不同社会团体中的成员,都会有他们自己明显不同的发声方式。大多数语言的发音,都会因地域变化而有所不同,语言分布的地区愈广,腔调的变化可能就愈大。虽然,在不同的语言中,都有某一标准音(received pronunciation)的设定,但即便是使用标准音的人,每一个人所使用的腔调也各有不同。”[①]在中国电视的语境下,这里提及的标准音,即是以央视《新闻联播》为代表的“播音腔”。

但在凤凰卫视的新闻生产活动中,我们可以听到的是:香港技术人员操持粤语,来自台湾的记者、编辑、主持人说着别具台味的国语,而来自内地的同事也用各种口音的普通话在播报、在评论(比如杨锦麟的“闽普”、董嘉耀的“粤普”、曹景行的“沪普”等)。

通过凤凰新闻节目的长期收看,笔者发现它的频道呼号(“您正在收看的是凤凰卫视”)、节目小片的配音,从发声到调值也独具腔调——这就是被观众称为“凤凰之声”的张妙阳的声音,他自己曾说:“我希望这个声音听起来既不是新加坡的,又不是台湾的,也不是大陆的,他应该是属于凤凰独有的声音。”[②]事实上,张妙阳的腔调并不足

① Tim O'Sullivan, John Hartley, Danny Saunders, Martin Montgomery, John Fiske:《传播及文化研究主要概念》,杨祖珺译,远流出版公司 1997 年版,第 3 页。

② 张妙阳:百度百科,2011-02-04。http://baike.baidu.com/view/2107159.htm.

够标准，他也一度想去中国传媒大学进修矫正发音，但这个想法被刘长乐劝住，“老板”认为，“张妙阳的声音特色无可取代：洋气、儒雅、国际化、识别度高、技巧完美，语音标准而不生硬粗暴，诚恳亲切而不嗲不做作，这也是从当年卫视中文台一直到如今凤凰卫视一直使用张妙阳作为‘频道声’的重要原因”[①]。

诚然，新闻生产中的腔调，对于内容产品没有本质上的影响。可是，在真切的生产机制实践中，在电子媒介视听传播的质感环境中，腔调，成为一种“传播的武器”，具备一定的效力，特别体现于形塑观众对媒介组织的角色认知上。凤凰卫视的多位业务负责人都曾提到：喜用“发音不那么标准”的主播、评论员，这样才有他们自己的腔调和个性。而且，笔者通过调研发现：凤凰新闻业者在报道、评论以及配音时，习惯于使用一种听上去具有“凤凰之声”特色的腔调——更为有趣的是，这种“不那么标准”的腔调，反而经常被境内体制内的电视业者模仿，体现出媒介组织之间的角色互动和影响。

除了腔调，凤凰卫视在新闻生产中的视角，也较为不同。这种不同，是由激烈的报道竞争造成，就像令狐列所说的：“在现在的新闻竞争、宣传管制中，凤凰卫视要拿到独家的新闻资源并不容易，现在的媒体多、记者也多，能想到的选题大家都去报道了。因此，不能完全追求独家的内容，但是，独特的视角可以好好追求，这是最重要的。这种独特的视角，主要体现在报道的语言使用、剪辑方式上，我们一定要和主流的央视、新华社等不一样。比如，虽然都是做时政性的报道，比如外交部、国新办的发布会，我们在出镜中加入几句自己的话，这是可以做

① 走近凤凰卫视首席配音师——张妙阳，凤凰网论坛，2008-02-28。http://bbs.ifeng.com/viewthread.php? tid=3042667.

到的。面对同一问题，我们必须选择不同视角、不同‘写法’（画面、出镜、文稿等）。”①

另外，还有一种获得不同视角的方式，就是超越报道现场的限制，“越界提问”。秦枫曾说：“一开始，我去一些有政府高层出席的场合，只是尽量找到现场的最高领导，就这个场合的相关事件进行采访。但是，后来就有意识地超越现场限制，只在乎‘在关键时期、找关键人物、谈关键问题’，而不一定就这个场合、相关事件来提问。比如，温家宝在天津出席中阿论坛时，我没有就这一论坛的相关内容提问，而是就当时作为社会热点的‘连环弑童案’发问。”②这种获得不同新闻视角的方式，恰是境内体制内媒介组织难以复制的。因为，这种“不按常理出牌”的做法，与央视、新华社的体制属性相悖，体制内业者往往被限制在“规定环节”、“规定问题”之内。

同样是与境内体制内电视台对比，当央视不同部门的记者拿着同一 Logo 的话筒出现在新闻现场而尴尬时，为了更好体现出凤凰卫视的“在场”，特别是“在大事的现场”，潘力特别强调：“凤凰卫视不是大台，没有太多资源、条件，但在大事发生的时候，凤凰的 Logo 一定要出现。Logo 在，人就在，凤凰卫视也就在。”③

凤凰卫视新闻生产的能动性，还体现在若干细节当中，据笔者的观察：很多境内体制内的电视台为了报道出镜“字正腔圆形象佳”，经常是由记者带着主持人出镜，这在凤凰业者看来，非常别扭，第一很不

---

① 根据与原北京记者站首席记者（现深圳节目中心副主任）令狐列的访谈记录，2010 年 6 月 3 日。

② 根据与原北京记者站记者（现香港卫视采访总监）秦枫的访谈记录，2010 年 6 月 18 日。

③ 根据与北京节目中心副主任潘力的访谈记录，2010 年 5 月 26 日。

专业,形式主义;第二没有成本意识,效率低。以及,内地的电视新闻业者,在出外采访时,话筒线往往是很乱的一团。而凤凰的新闻业者(特别是香港总部业者),每次外采时,都会把话筒线收得好好的……类似的细节还有很多,不再赘述。

（二）“被迫”的新闻专业主义

“被迫”的新闻专业主义与上一章所说的“弱势”组织文化,在凤凰卫视的个案中,具有经验与观念层面的关联性。在新闻节目的生产活动中,面对“被迫”的情境,凤凰业者提供了若干报道典范。

报道的典范,首先反映在新闻生产突破“自我审查”这一关。按秦枫的说法,“体制内的新闻业者的确受到体制的限制,但也必须指出他们自身的主动性太低,状态不像记者,而且自我审查过于严格。相比之下,我们的记者在现场,就跟‘打了鸡血’一样,很亢奋”[①]。

这种“亢奋”在玉树赈灾期间对胡锦涛主席专访中也得以体现。我们跟随摄像师周铭吉的描述,进入他和记者胡玲当时面临的采访现场:“我们从武警玉树藏族自治州支队开始,一级一级往上采访,‘顺藤摸瓜’就到了胡锦涛主席那里。可是,由于当时天气太热,记者胡玲差点被晒晕。原本说,胡锦涛是中午十二点来,后来一点多才到。他来了之后,场面就开始混乱,有人就把我们拦在外面。胡玲后来好不容易挤进去,又被人一把推出来,我们的 Logo 就飞了出去。还好,这时胡锦涛主席扶住她了,前端的采访就开始。可以,我还拿着机器在后端,警卫们不知道我是干什么的,就把我往外拽,还好有根采访线连着前端。于是,我就大叫:‘我是凤凰的,我们已经开始采访了。’他们这

---

① 根据与原北京记者站记者(现香港卫视采访总监)秦枫的访谈记录,2010 年 6 月 18 日。

才把我放开。胡锦涛主席当时讲了五点内容,但讲前两点的时候,由于我的'遭遇',所以,镜头都是晃的。但这也比汶川赈灾期间的情况要好,因为那时我就直接被架出去,再也没有机会回来,只得把机器交给胡玲,由她一个人做。"①

其实,北京记者站的凤凰业者,大多都会提到"央视、新华社成为某个重大事件的唯一采访者,经常不是因为水平,而是因为'上面'授意许可",于是,"我们只能靠自己'十八般武艺',想尽办法'堵访'各种重要人物","所有重大事件、重要人物到场,凤凰总是被盯得很紧,我们冲进'包围圈'、被'扔'出来,再冲进去,可能再被'扔'出来或者话筒被打飞、机器被打掉,每次都是这样采到某些独家的,绝没有任何人给我们安排",而"央视的记者,可能冲了一次被'扔'出来,就在一旁怕了、甚至有女记者直接哭了,再也不冲了。而我们每次都这样,采访一趟下来,抓痕、淤青都是家常便饭"②——凤凰卫视的新闻业者,若无法突破"自我审查",若不能在"被迫"的状态中施展专业主义激情,可能就拿不到任何报道,这是有与无的问题;而体制内的电视新闻业者,不管是否做到专业主义,报道是一定有的,这只是好与坏的问题。

当然,"被迫"的专业主义也并非只在凤凰卫视的国内报道中出现,在国际报道中也有类似的情况。比如,法国记者站的记者严明曾描述采访外国高官的困难及应对:"记得几次截访别国领导人时,我这1米83近80公斤的大个头,常常被更大个头更强壮威猛的贴身警卫架得几乎双脚离地,或是被按得几乎跪在地上,至于暗中抓扯,甚至反

① 根据与北京记者站摄影师周铭吉的访谈记录,2010年6月3日。

② 根据与北京记者站多位凤凰业者的访谈记录,2010年4—9月。

关节加点穴就更是常有。上次以黎战争期间我们现场截访以色列副总理兼外长利夫尼时，摄像师徐林平也几乎被以色列保镖打翻在地，他当时也使出了一个应对秘诀，就是大喊一声冤枉，引起相关领导人及在场人士的注意，警卫才会立即收敛一些。"①

由上，新闻专业主义的实践，在凤凰业者的亲历中绝难有"摆好阵势"、"坐而论道"的契机。不过，随着典范性报道活动结束，媒介组织善于将报道经历和应对策略建构为一种"可论之道"（组织文化和角色认知），于是，又反向激励了凤凰卫视的其他新闻业者。根据笔者的调研，凤凰卫视的新闻业者非常愿意提到这些"可论之道"，并将其上升为凤凰卫视的核心竞争力及合法性的来源。比如，洛杉矶记者站的郭晶晶提到全球独家采访 2008 年诺贝尔化学奖钱永健的报道个案时，并没有特别强调她在候访时的种种艰辛，而是说："我们看到国内的同事在地震等报道中很拼，无形中，我们也觉得拿着凤凰的 Logo 出来了，就不能跑空。于是，我们就一直在钱永健那里蹲守。"②

在专业主义的诉求和典范影响之外，凤凰卫视不同记者站的新闻业者，还多次提到凤凰卫视整间公司鼓励突破、简化审查的生产机制和氛围。虽然，凤凰卫视并没有给一线新闻业者充分的技术和资金支援，但在专业理念、业务追求等"软性指标"上却保障得力，这充分体现在凤凰卫视内部经常使用的一种表述，即"专业主义激情"：当为了达成新闻专业主义的"硬件"有所缺失时，"软性"的"激情"指标就被反复强调，这有利于媒介组织在其内部形塑并强化共有的"偏好性期待"。

诚然，凤凰卫视的新闻生产，也并不总能获得需要的资源和机会，

---

① 严明：《随胡访非随感》，载《点点滴滴》2009 年第 4 期，第 14 页。

② 根据与洛杉矶记者站记者郭晶晶的访谈记录，2010 年 7 月 15 日。

甚至有内地地方官员威胁凤凰卫视的采访对象,“凤凰是香港电视台,你接受采访就是犯罪”[①]。在令狐列看来,“与央视等打‘遭遇战’的时候,他们一定打不过我们;但在进行‘阵地战’时,由于他们人多、钱多,以及体制内的‘关照’,我们的损失往往很大”[②]。潘力也提起一次“败局”:“在2003年之前,国务院新闻办发布会都是由凤凰卫视在做,资讯台还特别设置了《问答中国》的专门节目。但是,在‘非典’之后,央视觉得好,想把发布会的播出机会要过去。我一开始不愿意给,因为这耗费了我们的很多心血,凤凰卫视在此之前从没投入那么多来做一个长期的新闻直播。但后来,他们台长就找国新办,国新办又找我们‘老板’,‘老板’就做我工作。最终,他们(央视)代表国家,把发布会的播出机会要走了。”[③]

综上,从凤凰卫视新闻生产的情境、主体和“过程—事件”当中,我们看到:媒介组织在动态的新闻生产实况中不断实践并强化了一种特殊的“偏好性期待”。其间,以新闻专业主义理念为主要诉求,并在“弱势”的组织文化影响下强调了人文关怀和社会担当层面的“激情”。这种可以用“专业主义激情”来表述的“偏好性期待”,在凤凰新闻业者的情境理解和实践活动中得以渗透,与来自宣传管理部门的“规范性期待”进行博弈。同时,这样一种“模式化的社会行为”赢得并利用了来自观众趋于利好的“信念性期待”——由此,凤凰卫视通过“大事”的生产和传播,努力吸引更多华人观众的目光,试图为媒介组织通往“华语联结”成就角色的道路扫除障碍。

---

① 凤凰一木:新浪微博,2010-10-19。http://t.sina.com.cn/1772512047.

② 根据与原北京记者站首席记者(现深圳节目中心副主任)令狐列的访谈记录,2010年6月3日。

③ 根据与北京节目中心副主任潘力的访谈记录,2010年5月26日。

第三章　影响有影响力的人：历史—人文生产的另类路径

作为凤凰卫视角色制造的目标，“拉近全球华人的距离”的成就角色已然明确。通过新闻生产机制的实践，这家港岛出身的境外体制外媒介组织通过“大事”的传播，力图聚拢华人观众的目光“看凤凰”；通过华人观众的收视行为，尝试建构关于转型中国与世界走势的共识；以及，通过共识的建构，从观念世界而非地理意义上，动态实践“华语联络”的“社会身份”。

如果说，新闻生产活动，敏感于目下“大事”。那么，历史—人文生产，则着力于放眼“大势”。虽钝感于时效，但求完善“记忆的联结”，在更宽广的脉络中“促进个体与他们自身所属群体的认同”[1]。这一认同的达成，是在观念世界“拉近全球华人的距离”的一种实践。这一认同能够达成，也是基于克兰认为的，“电视处于文化生产的核心领域(core domain)，并在发挥一个巨大文化场所的作用”[2]。那么，这一认同如何达成？还是要进入媒介生产的“过程—事件”，方能一探究竟。

---

① 戴安娜·克兰：《文化生产：媒体与都市艺术》，赵国新译，译林出版社2001年版，第22页。

② 同上书，第5—6页。

本章即从文化生产的视角切入,解读凤凰卫视的历史—人文生产,并探究另类路径下的角色制造。

第一节　媒介组织的历史—人文选择：文化生产的视角

在中国的电视台,一线业者通常被分为“做新闻”、“做专题”等类别。这种分法,在概念的使用上,并不严谨,却在现实中,很有标识度。在凤凰卫视的媒介组织中,“做新闻的”是谁？如何做？上一章已经讨论过。那么,“做专题的”又是谁？如何做？这是本章要讨论的。事实上,在新闻节目之外,凤凰卫视的专题节目及其生产,也是赢得声誉、制造角色的关键构成,比如《凤凰大视野》、《冷暖人生》、《锵锵三人行》等。

如上所说,“做专题”并非严谨的提法,可以涵盖娱乐、财经、社会等各类内容选题。这里主要探究的是“做专题”里面对角色制造贡献较大的历史—人文生产。它们主要集中在凤凰卫视中文台,呈现出与新闻生产有一定区别的角色制造功能。

一、文化生产视角的经验和观念价值

“文化是社会生产和再制的意念(sense)、意义和意识。是意义的领域,它统一了生产(经济)和社会关系(政治)的领域。”[①]文化生产,

① Tim O'Sullivan, John Hartley, Danny Saunders, Martin Montgomery, John Fiske:《传播及文化研究主要概念》,杨祖珺译,远流出版公司1997年版,第90页。

被学者从产品视角阐释为“社会生产出来的意念、意义或意识。工业生产出来的文化商品”①。不过,由于文化与文化生产的多义性,学者们也强调:“当我们将它们看作是一个分析概念时,不可能只用一种定义,就包含了所有情况的。”②

于是,本章使用的“文化”、“文化生产”概念,并没有设定一个特指的定义范围,而只是为了与“新闻”、“新闻生产”做出区隔。这里讨论的是在新闻生产之外,由凤凰卫视所进行的“意念、意义与意识”生产。如果进入中国内地电视行业变迁的历史—社会情境,以文化生产的视角对媒介组织进行观察,则具有经验和观念两个层面的可行性。

在经验层面,自20世纪90年代中期以来,央视新闻评论部的电视业者从新闻节目的语态开始突破,逐渐地,在全国范围出现了“新闻立台”的提法和做法。但由于宣传管理政策的游移和收视竞争的压力,在社会关系(政治)与生产(经济)两个方面给电视新闻生产的发展与改革制造了瓶颈。时至今日,除了央视新闻频道,没有一家内地卫星频道真正做到“新闻立台”;社会影响大、收视表现好的卫星频道,比如湖南卫视、江苏卫视、浙江卫视等,基本以娱乐节目和电视剧集为圭臬。虽然,内地电视新闻业者在不利的竞争格局时有作为,但从整体上看,“宣传口径”的痕迹和“小报化”的身影或更分明。于是,在新闻节目之外,娱乐节目、电视剧集、社会专题、纪录片等更加成为电视媒介组织施展能动性的主要领域,在一个包容宽广的文化生产视角中,或能看得更全面而透彻。

---

① Tim O'Sullivan, John Hartley, Danny Saunders, Martin Montgomery, John Fiske:《传播及文化研究主要概念》,杨祖珺译,台北远流出版公司1997年版,第98页。

② 同上书,第90页。

在观念层面,过往媒介研究将新闻视为“重头戏”。从内容产品中推导出新闻、娱乐等不同类型的区隔,以及,推导出看似“水火不容”的生产机制与角色。但在中国的各级电视台,“做新闻”与“做专题”只是一种暂时性并可转换的工作划分,看似截然不同的两种工作,在同一位业者身上时而交替。也就是说,“做新闻的”可能转去做“专题节目”,“做专题的”也可能转去做新闻。比如,曾在央视新闻评论部做调查性报道的刘春,到了凤凰卫视主抓历史—人文节目;在凤凰卫视平日做谈话节目的窦文涛,到了60周年国庆报道中,会转任现场新闻主播。由此,进入生产机制实践的场景、关注生产主体的活动,不免会发现过往媒介研究解释力的牵强和观察视角的盲区。若要对此进行修正,或可通过文化生产视角的选择,以便看清媒介组织内容生产及其产品和角色制造之间的真实关系。

二、凤凰卫视的历史—人文选择

借助文化生产的广角透镜,电视台在新闻产品的生产和传播之外,还有许多选项。我们从中可见娱乐、人文、情感等内容层面的丰富性,以及,真人秀(reality show)、脱口秀(talk show)、情景喜剧(sitcom)等形态层面的多元化。

可是,面对着丰富多元的选项,中国内地的电视荧屏却日渐趋同,即“综艺盛行,剧集热播”。趋同,反映出“‘盈利倾向’是所有媒介组织的核心,这为业者提供了一个决策的基本前提。在电视领域,为了追求盈利,特别是相对稳定的盈利,电视业者往往会遵循一种‘安全逻辑’来将风险降到最低。于是,为了‘安全’,他们往往会避免自己决定播放哪个节目,而直接从最近流行的节目中选择或者模仿出类似的节目”[①]。由此,也就不难理解:在美国,为何《老友记》附带出二十多部模仿它的电视剧集;在中国,为何《非诚勿扰》引发十余档相亲交友节目的出台。

电视业者惯于遵循的“安全逻辑”,对于媒介组织的角色制造而言,无疑是弊大于利,它直接导致了“千台一面”的审美疲劳和“低水平高竞争”的畸形业态。不过,若从抵抗宣传管理的意义上去理解“安全”二字,在中国的电视行业中,还可以有另一种认识,即:新闻生产中“不敢提”、“不方便提”的一些内容,特别是较为敏感且不容回避的社会—历史事件、人物,反而能在专题节目里较为隐性、间接、“不经意”地表达出来。

凤凰卫视主要在后一种认识中理解了“安全”二字,它在新闻生产之外的选择与众不同——主打历史—人文节目。

刘长乐曾说过,“文化作品不能不强调社会功能,要引导我们的社会追求崇高。作为一个商业性媒体,凤凰一直有一种文化使命感,一直在致力于为观众提供精良的文化产品”[②]。在公司高层的召唤下,以中文台为平台,凤凰卫视的历史—人文生产较为充分地得以展开。如果把节目获奖视为评价指标的话,关注“小人物大历史”的《冷暖人生》节目在2007年、2009年两次获得芝加哥电视节人文专题类的银雨果奖(Silver Hugo Prize)能够说明问题;另外,如果把节目“被盗版”也视为评价指标的话,在两岸三地、大街小巷“碟铺”上热卖《凤凰大视野》、《锵锵三人行》等历史—人文节目也能够说明问题。

---

① 大卫·克罗图、威廉·霍伊尼斯:《媒介·社会》(第三版),邱凌译,北京大学出版社2009年版,第70—73页。

② 钟大年、于文华:《凤凰考:建构一个新传媒》,北京师范大学出版社2004年版,第28页。

“由于依靠了传统的、最真实的形象建构法，电视被许多学者认为是‘媒介文化的中心’，电视节目也是很有‘社会意义’的。”[①]在凤凰卫视，其历史—人文生产的“社会意义”如何传递？可是因为节目覆盖的尴尬，“凤凰卫视今天的落地率是百分之十几。内地任何一家省级卫视若只有这样的落地率，则必死无疑”[②]，那么，在如此尴尬的覆盖情况下，它怎样拓展角色实现的“舞台”，并由此传递“社会意义”？制造有深度、高水准的历史—人文节目就成为一种直面“窄众”却影响深远的生产机制选择。

正如曾主抓凤凰卫视历史—人文生产的刘春所言，“我现在负责的节目，知识分子、干部官员比较喜欢看。很多干部，在私下里，比普通人的素质还是好很多，他们是我们的忠实观众”[③]。刘春所描述的“比普通人素质好的忠实观众”，在央视市场研究（CTR）关于凤凰卫视的一次满意度调查中得到印证，“从人口特征看，凤凰卫视的传播圈是一个结构优质的受众集合体，本科以上学历群体、中层管理干部以及个人月收入在 2001 元以上的群体大于总体平均水平”[④]。

上述的调查结果，用凤凰卫视常用的表述来说，即媒介组织在“影响有影响力的人”。当然，这既是一种目标观众追求，也是一种回避覆盖窘境的话语策略，还是规模、资源所限的实用主义选择——因为，目前在中国内地流行的诸如《中国好声音》、《中国达人秀》等大型电视

① 大卫·克罗图、威廉·霍伊尼斯：《媒介·社会》（第三版），邱凌译，北京大学出版社 2009 年版，第 208—209 页。

② 根据与原中文台执行台长（现搜狐公司副总裁）刘春的访谈记录，2010 年 4 月 28 日。

③ 同上。

④ 央视市场研究股份有限公司。2006 年上半年度凤凰卫视观众满意度调查报告，凤凰网，2011-03-16。http://img.ifeng.com/image20010518/79094468455694336/01.pdf.

节目，需要社会资源和经济实力的充分支撑，这对于“船小”、“低配置”的凤凰卫视来说，基本上是“不可能完成的任务”。在这一领域，它完全无法与内地省级卫星频道（湖南卫视、江苏卫视、浙江卫视、东方卫视等）直接抗衡。

还要看到，凤凰卫视的历史—人文选择，也是凤凰业者的选择。凤凰卫视聚集了一批有思想、有个性的“电视知识分子”，一般观众和学者联想到的首先是梁文道、许子东、王鲁湘、杨锦麟（2011 年离开）等台前人物。但据笔者的调研，在荧屏之后还有更多典范。不论台前还是幕后，这批“电视知识分子”共有的特点是：接受过正统高等教育，专业不限于传媒类，多有文、史、哲、政等背景或兴趣，媒介及社会经验丰富，思想独立且具备社会责任意识。正是因为他们，历史—人文生产方有可能在凤凰卫视得以持续实践；而通过他们倚重于知识和历史求索的“偏好型期待”，媒介组织方有可能成为“弘扬华语文化的传播者”（刘长乐语），并由此形成媒介领域的“华语联结”。

第二节　凤凰卫视的另类路径：与阳光卫视的比较

凤凰卫视在历史—人文生产中选择了一条另类路径。那么，另类路径是如何走出的？又该如何理解？这里从一正一反两个方面做出比较说明。

一、凤凰卫视的另类路径

凤凰卫视并非通常意义上的另类媒体（alternative media）。因为从整体上看,它既非激进的(radical)、地下的(underground),也基本没有"站在主流生产的对立面,反对或挑战既定的和制式的策略;或者,站在批判的立场,要求重新评估那些传统的价值"①。

不过,如果进入凤凰卫视在历史—人文领域的生产场景,可以看到较为清晰的另类路径——在此使用的"另类"概念,接近于威廉斯区别"另类"和"对抗"(oppositional)两个概念时做出的解释:"另类,意味着寻求与既定主导意识形态之间的共容;对抗,却意味着创造一种替代意识形态文化领导权的可能性。"②也就是说,凤凰卫视做出历史—人文选择,它的生产机制既不是既定的主流,也不是对抗的异类,而是处于两者之间。

那么,在主流与异类之间如何走出另类路径?在与主流共容的前提下如何实现自身的角色?按《凤凰考》的分析,关键不能超过两个"度":"一是现有制度,二是观众接受度。虽然传播有向专业化、小众化方向发展的趋势,而且也出现了很多小众化的报纸和杂志,但是就现有电视制度和盈利模式而言,播放广告几乎是电视的唯一盈利模式,而广告商对于受众数量的要求趋向于最大化,这就制约着电视向小众化发展。电视节目一旦过于'另类',超出了大部分观众所能接受的长度,势必失去大众,从而也就失去了广告,自然难以生存。"③

关于"度"的论述,若换通俗的说法,就是"凤凰卫视太出位,要砍你头;不出位,就没人理你"(刘春语)。在此借一期典型节目生产的

---

① Tim O'Sullivan, John Hartley, Danny Saunders, Martin Montgomery, John Fiske:《传播及文化研究主要概念》,杨祖珺译,远流出版公司1997年版,第13页。

② 罗慧:《当下西方发达国家另类媒体的概念辨析与内涵界定》,载《国际新闻界》2010年第5期,第81页。

③ 钟大年、于文华:《凤凰考:建构一个新传媒》,北京师范大学出版社2004年版,第57—58页。

"过程—事件",简要印证:2009年底,唐福珍自焚事件发生之后,凤凰卫视《冷暖人生》做了一期节目《自焚者唐福珍》。笔者在第一时间看到这期节目,当时很诧异,因为内地电视台多已被"封口"。于是,2010年4月访谈刘春时,特地问起此事。刘春说:"唐福珍的选题,'上面'通知说不让做,所以在做之前,我没有向上汇报。但在具体做的时候,也注意避开事件,重点做人物。不能说一个人死了,连人都不让做吧!做人物,做什么?我主张做人性,做人生中的美好经历,这样同样可以很丰满。"[①]

"唐福珍选题"的"过程—事件",实为凤凰卫视历史—人文生产的缩影:不断探索既"安全"又有所表达的另类路径。敏感于主流媒体不太好干、可干可不干、凤凰干了问题也不大的选题和角度。而且,这种敏感性在凤凰卫视内部相关业者那里都有所领悟和释放。

诚然,另类路径的选择有一定风险。在凤凰网论坛上,笔者经常看到有观众发帖,说在一段时间内或长期看不到凤凰卫视的节目,还有说凤凰卫视的某档节目经常被"迎客松"。而且,经调研得知,在历史上,凤凰卫视遇到过多次"危险",甚至面临关张。用刘春的话来说,"对于一家'官办媒体',如果犯了错误,无非是'摘一两个人的帽子';但如果是纯商业媒体,比如凤凰,可能就面临'砍头'的危险、资质的取消。而我干的就是跟主管部门'斗智斗勇'的事情"[②]。在具体的生产机制实践中,为了在坚持自身"偏好性期待"("只要在媒体干一天,就

① 根据与原中文台执行台长(现搜狐公司副总裁)刘春的访谈记录,2010年4月28日。

② 同上。

会把知识分子的诉求放在里面一天"[①])的同时,避免与宣传管理部门"规范性期待"的直接冲突,凤凰卫视在历史—人文生产中还强调"在政治上不随意冒险"[②]。

二、阳光卫视的异类反思

凤凰卫视历史—人文生产的另类路径,在与主流意识形态的"斗智斗勇"中走到今日,虽非风平浪静,倒也相安共容。但2000年8月创办于香港、主要面向内地市场的阳光卫视,却从另类逐渐走向了异类,直至2009年底[③],被中国政府在内地禁播。

阳光卫视创立之初,由杨澜、吴征的"阳光文化"团队操盘,虽然它和凤凰卫同样致力于为全球华人制作高水平的历史—人文节目,并坚信制作的是新闻与娱乐节目之外的另类节目,能在社会各阶层观众之间找到自己的生存与发展空间。但正如凤凰业者在对早期阳光卫视的反思,"阳光卫视就是一个试图超越制度的例子,在一个免费收视的制度背景和市场环境下,它却在经营着一家本应用收费电视模式经营的电视台,这种尝试注定在一段时期内很难成功"[④]。的确,创立三年,阳光卫视累计亏损超过两亿港元。2003年6月,杨澜宣布将阳光卫视70%的股权卖给内地一家传媒集团[⑤]。到了2005年5月,泰德集

① 根据与原中文台执行台长(现搜狐公司副总裁)刘春的访谈记录,2010年4月28日。

② 同上。

③ 关于阳光卫视在内地禁播的具体时间,有两种说法:台湾《联合报》以及钱钢在一篇题为《不可缺失的阳光卫视》中提到是11月28日,而BBC引述路透社消息是12月5日。

④ 钟大年、于文华:《凤凰考:建构一个新传媒》,北京师范大学出版社2004年版,第58页。

⑤ 杨澜:《阳光卫视是我最大的挫折》,人民网,2005-12-01。http://media.people.com.cn/GB/40606/3905129.html.

团从星美联合股份有限公司手中接管了该频道70%的股权,陈平成为阳光卫视的第三任掌门[①]。

在陈平手中,作为媒介组织的阳光卫视,其生产机制发生了改变,用钱钢的话来说,即"它的投资者不以利润最大化为目标,而用其他投资盈利来支撑媒体的发展"。既然不求盈利,那么,收费与否、大众抑或小众收视都不再是问题。而正是因为这种改变,"从《论衡》到《子夜》,还有《阳光书坊》、历史节目《春秋》,阳光卫视在走一条独特的路。在提供购自国外的历史文化类节目、自己制作的口述历史节目、纪录片以及其他人文节目同时,它开始以深度思想谈话节目为突破口,全面改版,创造出可称之为'阳光谈话'的思想密集型品牌。谈话节目的提供总量,每周高达三十小时"[②]。从角色理论的视角观之,杨澜时代的阳光卫视与陈平时代的阳光卫视,成就角色并没有发生质性改变,但由于生产机制发生了改变,角色实现的路径因之改变。

应该说,"阳光谈话"和历史—人文纪录片的播映,使得阳光卫视在学界、业界的影响力日渐深远,笔者就曾从多位学者、业者处听到对它的褒扬,还听到诸如"阳光比凤凰的尺度更宽,谈的话题更深"等评价。但是,如果说杨澜时代的阳光卫视在市场运作上"缺一只腿",导致其生产机制从另类滑向异类;那么,在"陈平时代",这家媒介组织在对宣传监管尺度的突破上却"走得太远",也滑向了异类。特别是,"阳光谈话"大量涉及中国政治体制改革的清谈内容,比如陈平自己在节目中诸如"党主是民主的准备,党主时代是民主来临的必要的前提,

---

① 陈平:《阳光卫视是我最大的挑战》,人民网,2006-11-22。http://media.people.com.cn/GB/40606/5075831.html.

② 钱钢:《不可缺失的阳光卫视》,一五一十部落,2009-12-16。http://www.my1510.cn/article.php? id=99a9caed34914896.

党主也是一种特殊历史时期、特殊形态的精英民主"等言论——这样做，就导致：阳光卫视经由官方渠道的亚太六号卫星在内地的转播，已被有关部门中止；部分观众只能接收非官方的亚太三号卫星传输的节目。

在此引述阳光卫视从另类滑向异类的个案，是意在反思：对于任何媒介组织来说，生存都是第一位的。刘春也曾感叹，"做媒体，一要生存，二要发展，不考虑生存的问题，凤凰卫视早就死了，甚至已经死了好几次。从生存角度去看，凤凰卫视中文台在珠三角的落地非常重要。一旦在这一块落不了地（正好珠三角的经济还比较发展），第二天广告马上就少很多"①。的确，媒介组织面对"制度—技术环境"的期待和要求，无论内容产品多么高端，必须遵循一定的政治和市场逻辑。市场会"督促"你在政治上追求"安全"，但也会在某些方面，指向变革的方向。比如凤凰卫视、财新传媒、南方报业，它们走的是基于市场的品牌路线，口碑好（经济效益与社会效益并存），因此会有很多优质的品牌广告，这些优质的广告客户将成为媒介组织另类路径上的"推手"。特别是在政治体制和宣传管理制度没有质变的时期，媒介组织通过"斗智斗勇"获取共容的资格，以寻求渐进改良并伺机突围，这样既操练了生产机制，角色实现的"戏份"也不至于丧失。

---

① 根据与原中文台执行台长（现搜狐公司副总裁）刘春的访谈记录，2010年4月28日。

第三节 历史—人文生产:身处边缘的拓疆和反思

“打造‘影响有影响力的人’的高端传播平台”①是凤凰卫视走向“华语联结”的一项企业决策。这项决策,需要在生产机制的实践中得到落实,否则仅是“空中楼阁”。而历史—人文节目,与有影响力的收视群体有着天然的接近性,使得相应生产机制的实践及其调适在媒介组织内部得以重视。举个例子来说,正如刘春和张力都提到的:“《锵锵三人行》这档节目在2006年之后,节目选题及其操作逐渐开始从社会事件、纪念日以及若干独家题材出发,在注重雅俗共赏的同时,加入一定的社会责任与担当,确保信息量与思想火花的到位。不再推出早期所谓‘今天聊聊女人、明天聊聊茶馆、后天聊聊爱情’式的选题。”②

接下来,笔者基于生产情境、主体和活动三项要素,从三个方面阐释凤凰卫视历史—人文生产机制的实践和角色制造活动。

一、历史—人文生产的情境:从边缘开拓疆域

在凤凰卫视的媒介组织中,特别是在历史—人文业者之间,笔者发现一个有意思的现象:在35岁之后的年龄层中,体制内主流电视台的业者,往往想着节目外的事情;而体制外、处于边缘的电视业者,依旧想着节目里的事情。笔者吃惊于凤凰历史—人文业者对于节目保

---

① 根据与原中文台执行台长(现搜狐公司副总裁)刘春的访谈记录,2010年4月28日。

② 根据与原中文台执行台长(现搜狐公司副总裁)刘春、北京节目中心副主任张力的访谈记录,2010年4月28日、5月31日。

有的业务兴致和心智品质，与部分体制内业者的“寻租心态”（政治或商业）形成鲜明反差。在反差中，福柯的核心概念“权力—知识”关系得以生动呈现。

以体制内主流电视台业者的节目生产为例。一方面，他们受到宣传管理和行政管理的束缚，“受到各级党委、政府及其宣传部门对媒介生产的政治管理，通常采用的形式是会议部署、以文件形式下达的宣传意见或电话通知、阅评反馈等”[①]，其间的“规范性期待”比凤凰卫视所受到的更为直接和频繁。另一方面，他们同时受到市场逻辑的深度影响，收视率和广告的指标成为“达摩克利斯之剑”。要想委身其间，甚至套现寻租利益（两者相辅相成），专业的追求往往始乱终弃，而对利益回报的向往成为长期有效的“兴奋剂”。福柯早有洞见，“‘权力—知识’首先作用于人的身体的‘规训权力’，权力关系对身体的使用不仅将其作为劳动力和生产力直接控制它、干预它、强制它、折磨它，而且，它也被权力关系经济地使用、精心地计算和全面地规训，将其驯服为一种有用的力量。而且，这种作用于身体之上的‘微观权力’之所以能够扩散和播撒，之所以能在每个个体的身上再生产出权力关系本身，就在于它征用了关于身体的知识，关于人的科学”[②]。

那么，凤凰卫视的历史—人文生产为何呈现出与体制内主流电视台不同的“权力—知识”关系？业者的“偏好性期待”在与宣传管理部门的“规范性期待”和观众的“信念性期待”互动之间所展开的生产机制实践行为，对于媒介组织的角色制造又有哪些影响？让我们进入历

① 芮必峰：《政府、市场、媒体及其他——试论新闻生产中的社会权力》，复旦大学博士论文，2009 年，第 54 页。

② 福柯：《规训与惩罚》，刘北成、杨远缨译，三联书店 1999 年版；载福柯：《知识考古学》，谢强、马月译，三联书店 2004 年版。

史—人文生产的情境去寻找答案吧。

（一）“北上”与“地方性知识”

现场感的营造和“大事”的传播，是电视新闻生产的重心。在历史—人文生产实践的机制中，历史感、地方性知识（local knowledge）的建构和“大势”的拿捏，则成为关键，它需要内部眼光与外部眼光、贴近感与距离感的统一。

凤凰卫视的总部在香港，相对内地媒介组织而言，它在外部眼光和距离感方面的优势较为明显。但走近凤凰会馆之后，笔者发现，恰恰是内部眼光和贴近，对于凤凰卫视的生产机制实践和角色制造活动影响更大。那么，内部眼光和贴近感如何获得？媒介组织在此的能动性体现，便是对生产情境的再选择。不过，在凤凰卫视，这一选择是具有偶然性的。故事要从一位业务高管的工作调动说起。

2004年以前，原中文台执行台长刘春（2011年离开凤凰卫视）一直在香港总部工作，他主抓的历史—人文节目，从地理和行业双重意义上的边缘起步，在节目生产中注入更多独立、自由和思想性的内容。但就在2004年的11月，他却从香港总部调离。

这次调离，并不是凤凰卫视在战略布局方面的能动决策，根本原因在于，“当时凤凰卫视的历史—人文节目，受到‘有关部门’严厉批评。这些‘错误’的节目，或多或少都有我的影子，我变成一个‘被调查者’。但在调查之后，‘有关部门’发现我曾有央视的工作背景，甚至还做过央视团委的领导，于是就把我这个‘应受处罚’的人贬到了节目一线——北京凤凰会馆。我觉得这样挺好，一方面，在北京可以更方便和‘有关部门’打交道，有什么指示，他们可以直接找到我；另一方面，作为一个媒体人，我可以和大家一起琢磨‘如何表达自我’。于是，接下来，我的重心转到北京，香港就基本不管了"[①]。

刘春从香港到北京的调动，并非"一个人在战斗"。自2004年起，大量原本在香港、深圳制作的历史—人文节目，也在几年间转到北京制作。这里面具有代表性的，包括《凤凰大视野》、《锵锵三人行》、《冷暖人生》等。节目的"北上"，意味着相关节目业者的"北上"，于是，一种在荧屏上不易察觉的生产情境变化由此产生。

据调研发现，"北上"的凤凰业者普遍认为："由于北京是政治、文化中心，选题资源多、人力资源丰富且廉价，凤凰卫视的历史—人文节目反而更'接地气'，也为外采和后制工作提供了诸多便利。"[②]甚至，就像《冷暖人生》制片人朱卫民所说的，"在很长一段时间，我们的节目没人关注。正是到了北京之后，又遇上了汶川地震，从《陈坚的最后79小时》开始，《冷暖人生》才逐渐受到重视"[③]。而用《文涛拍案》（2012年停播）制片人杨理的话来说，"北京，在中国社会所占的地位逐渐加码。凤凰卫视开办以来，特别是2000年之后，中国改革开放的中心是在南方，广州、深圳，是以民营经济推动的。但从2002年开始，是国有经济占据主角地位，这对于媒介组织的发展而言，也是一样"[④]。

在过往媒介研究中，生产情境已被视作关键的变量，但通常是以国家为区别，一如李金铨等四位学者剖解了中国、美国、英国、加拿大、澳大利亚和日本对于1997年香港回归"媒介事件"（media event）在不

---

① 根据与原中文台执行台长（现搜狐公司副总裁）刘春的访谈记录，2010年4月28日。

② 根据与《冷暖人生》制片人朱卫民、北京节目中心副主任、《锵锵三人行》制片人张力、原《走读大中华》主持人杨锦麟（现香港卫视执行台长）等的访谈记录，2010年5—8月。

③ 根据与《冷暖人生》制片人朱卫民的访谈记录，2010年5月27日。

④ 根据与原《文涛拍案》制片人杨理的访谈记录，2010年6月29日。

同情境中的传播与呈现①。不过，在凤凰卫视的个案中，立基于不同城市的不同生产情境，也在对它的历史—人文生产有所影响。下文以两档节目的“北上”为例，说明这种影响。

(1)《走读大中华》。这档2009年启播(2013年停播)的历史—人文节目，之前的制作团队是在香港总部。在前主持人杨锦麟看来，“在香港做节目虽然成本较高，但后期制作比较专业。后来，节目由北京节目中心的制作团队接手，他们虽然‘‘革命热情高’、工作报酬低，但驾驭历史题材还是有些吃力。更致命的是，内地的编导重视自我审查，顾虑很多。于是，有些精彩的题材拿过来，但最后剪出来的成片差强人意。我与北京制作团队的磨合也在逐渐进行中”②。

(2)《锵锵三人行》。这档首播于1998年的老牌“清谈”节目，2004年“北上”以后，“在一开始的想象中，似乎是件很简单的事情，无非是在京找几个嘉宾开聊。而且，北京文艺界、知识界有那么多嘉宾资源可用。但后来我们才发现，并不是这么回事。节目原来在香港时，就一个编导单打独斗，他只需联系嘉宾，其他什么都不用管，顶多找点话题资料。但是，到了北京，由我们接手节目之后，真是不知道要做什么:是窦文涛说了，我们去找资料？还是我们找资料让他来说？这完全是两种运作方式。另一个就是嘉宾的问题。嘉宾太重要了，甚至比问题还重要。因为有了好嘉宾，话题就能聊得很深入”③。在张

---

① 李金铨、陈韬文、潘忠党、苏钥机:《一起多国视野中的全球性“媒介事件”》，参见詹姆斯·库兰、米切尔·古尔维奇:《大众媒介与社会》，杨击译，华夏出版社2006年版，第286—295页。

② 根据与原《走读大中华》主持人(现香港卫视执行台长)杨锦麟的访谈记录，2010年6月8日。

③ 根据与北京节目中心副主任、《锵锵三人行》制片人张力的访谈记录，2010年8月18日。

力的话中,我们可以读出:与主持人的磨合、对嘉宾的选择成为《锵锵三人行》“北上”后亟需解决的问题。制作团队的应对是:首先,在北京培养像许子东、梁文道这样的嘉宾。并且,许、梁二位每周或每月飞一趟北京,窦文涛每半个月再飞一趟香港,这样就能照顾到两岸三地的话题。其次,实现节目嘉宾“二老带一新”(文涛和一位老嘉宾带一位新嘉宾)的生产机制。

事实上,凤凰卫视几乎每档“北上”的节目,都历经或长或短的磨合期。但从整体上看,由于与历史—人文生产的选题源头更加贴近,由此,更多的“地方性知识”被凤凰卫视挖掘到且通过节目呈现出来。毕竟,所谓“地方性”,不仅是就特定的地域意义而言,“它还涉及在知识的生成与辩护中所形成的特定的语境,包括由特定的历史条件所形成的文化与亚文化群体的价值观,由特定的利益关系所决定的历程和视域等”①。“北上”,令凤凰卫视的历史—人文生产与转型中国社会群体的变革历程和视域更加吻合。

在“北上”的节目之外,据调研,笔者也发现,部分始终在北京制作的节目(《口述历史》、《文化大观园》等),继续在香港制作的节目(《皇牌大放送》、《开卷八分钟》等),以及在“北上”的节目中由北京之外凤凰业者制作的选题——吴晓波曾提到,“在《凤凰大视野》中,台北凤凰同事参与制作了许多好的选题,比如《暗香:〈色戒〉历史真相揭秘》、《家春秋:民国蒋宋孔家族往事》等”②——也成为凤凰卫视历史—人文生产机制的重要实践构成。

---

① 汪民安:《文化研究关键词》,江苏人民出版社 2007 年版,第 42 页。

② 根据与北京节目中心资深编导吴晓波的访谈记录,2010 年 6 月 7 日。

（二）凤凰会馆与凤凰业者的互促

据前文，北京凤凰会馆已成为凤凰卫视历史—人文生产的“大本营”。从2004年之前“立基香港”（based in Hong Kong）到之后“立基北京”（based in Beijing），不仅体现出办公和制作地点的直接更改，也体现出生产情境及其中生产机制的微妙变化。这一变化，不仅仅呈现于生产流程、节目选题和诸多荧屏细节的调试之中，也对节目生产的主体产生了影响。一种特殊的生产习惯和组织氛围在影响、互动中被再生产出来。

那么，这种习惯和氛围是如何被再生产的呢？

上文已述，虽冠以“会馆”之名，但凤凰卫视北京节目中心只是人大附中对外出租的小型写字楼中的几层楼面罢了。诸多历史—人文节目组更是共同“蜗居”在写字楼五楼的506和501办公室当中。这两间办公室一小一大，大开间格局，采光不好、设备尚且“能用”、办公座位紧张，与凤凰卫视视效华丽的Logo和形象片构成鲜明反差（2009年前位于海滨广场的香港总部亦如此）。在这“共济一堂”的“陋室”中，业者之间“抬头不见低头见”，按刘春的话说，“谁干个什么，大家都知道”①。

笔者与凤凰会馆历史—人文节目的每位制片人都进行过交流，虽然媒介观念、社会阅历和节目认识有差，但他们都会提到：“我们的节目人很少。”笔者粗略统计一下，平均每档节目仅有2—3位编导，他们既是编导，又是导播、外联。扬名华语电视界、广告回报丰厚的《凤凰大视野》甚至没有一位常设编导。

---

① 根据与原中文台执行台长（现搜狐公司副总裁）刘春的访谈记录，2010年4月28日。

在生产主体的捉襟见肘中，笔者却发现一个特殊的优势：由于人少，每位业者的工作量都趋于饱和，比如主持人窦文涛，“每周一要开《锵锵三人行》的选题会，周二、周三录像，每天一录就是两三期，有时改嘉宾，会录五期；周三开始，就要接触《文涛拍案》周播节目的文案；周四就接着录《文涛拍案》。因为他每周连轴转，至少进三次棚，多的时候达到四、五次。而且，每两周他还要飞回香港录制《锵锵三人行》”①。所以，凤凰业者在节目之外留给自己的时间普遍很少。从这个意义上说，“节目本位”成为“不得不”的现实选择，诚然，笔者不能确定“节目本位”和业者对于媒介组织的认同感具有正相关关系，但以凤凰会馆的观察而言，在凤凰卫视的历史—人文生产中，以上两者之间具有极强的联系，而且也是“偏好性期待”得以不断强化的契机。

另据笔者的调研，在北京凤凰会馆，差不多每位业者都参加过《凤凰大视野》、《皇牌大放送》等纪录片和重大突发性选题的创作与报道——纪录片、突发事件报道往往最能训练业者的专业素质，提升媒介组织的生产机制水准——除了标榜理念与理想之外，这种务实且高频次的实践，更是媒介组织和业者个体的立足之本。正如《名人面对面》编导刘洋所讲的，“我们节目还经常承担‘大视野’（《凤凰大视野》）、‘皇牌’（《皇牌大放送》）的节目，甚至经常承担一些‘急活’，比如在玉树地震的时候。但我们平日做惯了谈话节目，能够有机会跳出来做些别的类型，的确有新意和趣味在里头，做节目的感觉和能力也有提升”②。

① 根据与北京节目中心副主任、《锵锵三人行》制片人张力、原《文涛拍案》制片人杨理的访谈记录，2010年8月18日、6月29日。

② 根据与《名人面对面》编导刘洋的访谈记录，2010年6月10日。

此外，虽如刘春所言，“我们这里像‘作坊’一样，多少年来形成了一种企业文化，每个人默默干自己的事情，彼此之间各管各的，更少与外面的单位、机构交流业务”①。但是，据笔者的调研，“选题会”的生产机制确保了业者之间、节目之间的交流：每周二的下午，凤凰会馆召开“选题会”。所有节目制片人、广告部和凤凰网等部门业者聚在一起，每个节目组向刘春报送选题，包括上周、本周与下周做的内容。通过“选题会”，生产情境、业者与节目产品之间的互动得以实现。特别的是，体制内主流电视台不想做或不敢做的“边缘题材”成为“主旋律”，从边缘开拓疆界的生产观念和机制由此渗透到每个节目组和业者那里。

在这样一种生产情境中，不同的节目组、不同的业者之间也会抢选题、挑任务。但从整体上看，还是像周周所说的，“在凤凰卫视，不知道为什么，会有一种‘给自己家里人干活’的感觉。我们的编导挣得不多，有个编导只是做兼职，但就是因为喜欢，从不怕辛苦”②。

诚然，在看到情境对生产主体的影响的同时，还要看到诸如凤凰卫视刘春（北京）、黄海波（香港）等人在历史—人文生产情境中的核心影响力。刘春曾直说，“中文台的节目，大部分选题都是由我定。而且，其实人的素质相差不大，人，并不是特别重要的因素。除了个别选题，一般的就是‘小孩’也能做”③。这一类核心人物，他们既身处生产情境之中，受其影响；但也规定了生产情境及其中的生产机制的实践。

---

① 根据与原中文台执行台长（现搜狐公司副总裁）刘春的访谈记录，2010 年 4 月 28 日。

② 根据与《文化大观园》制片人周周的访谈记录，2010 年 7 月 14 日。

③ 根据与原中文台执行台长（现搜狐公司副总裁）刘春的访谈记录，2010 年 4 月 28 日。

这一种个性化的影响力,也直接导致了在凤凰卫视的历史—人文生产情境中"并没有一个具体的、独立的评判机构,由它来判断节目究竟怎么样,别的电视台常见的打分制度也没有。我们是以口碑和同业的反馈为重。我们的节目(《冷暖人生》)有品质,在凤凰卫视的内部,这个组就很受尊重,在整幢楼里(凤凰会馆)都被叫'老师'"①。由此,在情境和生产主体之间,就形成了一种较为特殊的互促关系。

(三) 外界想象的"和鸣"与借力

凤凰卫视的历史—人文生产,特别是其中《凤凰大视野》打出的"民国牌"、"中国近代史牌",《口述历史》(后改为《中国记忆》、2012年停播)的"党史牌",《冷暖人生》打出的"个人命运牌",《锵锵三人行》打出的"清谈牌"以及《有报天天读》打出的"书生牌",令内地民众对"凤凰出品"的生产情境充满想象,这种想象有时有偏差,甚至以讹传讹。但这种想象却为其媒介组织的角色制造活动延展了舞台空间,具体而言,有以下三种体现。

想象之一:品质电视节目(quality television program)的品质生产情境。

据笔者的调研,凤凰卫视的历史—人文节目,在演播室、办公室、经费、人力、设备、制作周期等多个方面,皆逊色于体制内电视台的同类节目。哪怕在节目的技术指标上,也与它们颇有差距——《凤凰大视野》的成片就是画面粗糙、没有足够影像,只能用采访来撑的典型。但由于灵动、讨巧的凤凰卫视对每档节目的包装(片头、片尾、节目与主持人宣传片)相当重视且充满"港味",于是,这就相当于"把脸面功

① 根据与《冷暖人生》制片人朱卫民的访谈记录,2010年5月27日。

夫做到了家”,制造了“看上去很美”的传播效果,所以,就容易被一般观众认为:幕后理应同样的高端、高雅吧。

想象之二:批判性诉求与抗争情结浓郁。

凤凰卫视的历史—人文节目在“边缘题材”上多有突进。但据笔者的调研,在凤凰卫视内部,从高管到一线的业者,他们的理性和建构性色彩反而较鲜明,注重摆事实,不轻易讲道理,并时常思考如何回避与体制的冲突。甚如刘春所言,“凤凰卫视对于‘有关部门’宣传管理的听话程度,要远远高于官方媒体”①。而且,选择“边缘题材”,除了是为了在理念层面实现专业追求和社会关怀,也是为了在现实层面制造“错位竞争”的空间。

想象之三:香港制造与国际视野。

因为凤凰卫视的总部在香港,所以它容易被当成“香港的声音”,并拥有优越的国际视野。可在历史—人文生产中,凤凰卫视的香港雇员(除了少数评论员)恰恰只是担任技术性工种,比如包装、制作、摄影等。无论是在北京还是香港,生产主体还是以内地或内地出身的业者为主,他们的本土意识远大过国际视野,他们对中国的重视远大过对全球的关注。甚至,如果进入日常生产实况,就会发现,“全球华人”也只是较为虚无的概念,对成本和效率异常敏感的凤凰卫视,其实离“全球华人”很远。这也正如周雪光所说,“制度环境和技术环境对组织的要求常常是不一致的。技术环境要求效率,制度环境常常要求组织耗费资源去满足合法性。组织为了满足这些相互冲突的环境要求,常常

① 根据与原中文台执行台长(现搜狐公司副总裁)刘春的访谈记录,2010 年 4 月 28 日。

建构起不同的组织结构来加以对付”[①]。

不过,面对“失焦”的想象,凤凰卫视并不急于辩白,而是善于且乐于与其“和鸣”,也在“和鸣”中借力。因为,这些想象的内容,美化了凤凰卫视现有的“社会身份”,并能为它走向“华语联结”的成就角色而铺路。诚如刘春所言,“凤凰卫视的所有节目都会被想象和虚构。今天就有个编导告诉我,最近老是有观众打电话来投诉我们:一是看不到凤凰卫视了;二是你们的节目经常被‘迎客松’。我觉得,这一来可以说明我们的节目还有可被‘迎客松’的地方;二来也是一种‘口碑营销工具’,大家就会口耳相传:‘凤凰卫视的某期内容又被屏蔽了。’——这不见得是坏事”[②]。而且,在一个收视方法多元化的时代,“规范性期待”相较宽松的凤凰网成为敏感节目的新出口[③]。

二、历史—人文生产的主体:见地与经历

凤凰卫视的历史—人文生产主体,涵括相关节目的制片人、主持人、编导和摄影师等,他们中的大部分驻扎于北京凤凰会馆,少部分身处在香港总部,而在凤凰卫视台北站和其他区块,也有零星分布。

由于历史—人文节目和新闻节目在时效性上的要求不同,历史—人文业者的观念、经验也和新闻业者不同。诚然,这种不同并非恒定,随着媒介组织在机制层面的决策更改,他们彼此之间工种的调整也很常见,比如钟大年,就在中文台、资讯台的频道管理之间多次转任。

---

① 周雪光:《组织社会学十讲》,清华大学出版社 2003 年版,第 77 页。

② 根据与原中文台执行台长(现搜狐公司副总裁)刘春的访谈记录,2010 年 4 月 28 日。

③ 在 2012 年底的补充调研中,笔者发现:随着内地互联网管控日趋收紧,对于凤凰卫视敏感节目的屏蔽业已实现“全媒体联动”。

这里对生产主体的描述，基于他们——作为媒介组织中的行动者——“是一个拥有自主权的行动主体，能够进行计算和操作，能够让自己适应环境，并且根据他的合作伙伴的诸种情境和行动策略，做出种种新的回应”①。理解他们的特征和能动性，有助于我们解释生产机制层面的特征和能动性，并以此窥得历史—人文生产实践对于角色制造活动的贡献。

从整体上看，凤凰卫视的历史—人文业者，特别是制片人、主持人、主力编导等关键人物，在见地与经历上具备和一般电视业者不同的特征，以下便从见地与经历两个层面，分别阐释。

（一）有见地的知识分子与电视

在内地电视台的历史—人文生产中，有许多学者专家以策划人、节目嘉宾、访谈对象等形式介入进来。但在凤凰卫视，我们看到知识分子群体直接作为生产主体，进入到节目实践当中，并在进入的同时，依然保持了独立思想与自由风范。他们中的典型，诸如杨锦麟（《走读大中华》）、曹景行（《景行长安街》、《口述历史》）、王鲁湘（《文化大观园》、《纵横中国》、《世纪大讲堂》）、梁文道（《开卷八分钟》、《锵锵三人行》）以及在凤凰卫视开过节目的李敖（《李敖有话说》）和余秋雨（《秋雨时分》）等。

在这批颇具见地的生产主体身上，我们可以看到中国近现代报刊的一项特征——文人论政。他们所论不限于时政，游走于历史与社会、思想与人文领域，“一方面延续儒家自由主义的传统，以天下为己

① 米歇尔·克罗齐耶、埃哈尔·费埃德伯格：《行动者与系统——集体行动的政治学》，张月译，上海人民出版社 2007 年版，第 30 页。

任,以言论报国;一方面代表转型现代自由知识分子积极参与社会"[①]。

而且,通过调研,笔者发现:从"老板"刘长乐到"院长"王纪言,再到刘春、程鹤麟、刘庆东、黄海波以及更多的一线业者,他们身上多多少少透出知识分子的气质和对于书籍与知识的重视。比如,在刘长乐与星云大师的两本对话录中,刘长乐屡次提到若干书籍对他的影响;再比如,在笔者与刘春的深度访谈中,有相当一部分时间"跑题"聊起过去和现在读什么书以及读后心得。

从"触电"的知识分子到纯粹的"电视知识分子",凤凰卫视历史—人文业者用独到的见地为媒介组织效劳,并参与制造媒介组织的角色。他们的见地独到在哪里?如何独到?这里"深描"三位,以示说明。

(1)杨锦麟。朱学勤在谈到自己平日关注的媒体时,曾说:"我更多的信息来源是看电视,凤凰卫视杨锦麟的《有报天天读》,只要我在家有时间就看点。"[②]虽然《有报天天读》并非纯粹的历史—人文节目,而更是一个新闻节目。但若无杨锦麟的历史—人文功底,高端电视观众是很难对这档节目留下印象的。反面的例证,就是当内地电视台"一窝蜂"开始模仿杨锦麟"读报"之后,至今能够存活下来的节目甚为罕见。

1988年赴港工作之前,杨锦麟在厦门大学做到副教授,研究方向是台湾问题。到了香港,在凤凰卫视的工作之前,他已从事了多年的传媒工作。历史系科班出身的他,在形象、年龄、普通话水平等方面都

---

① 李金铨:《文人论政:知识分子与报刊》,广西师范大学出版社2008年版,第20页。

② 李良荣:《为中国传媒业把脉——知名学者访谈录》,复旦大学出版社2006年版,第127页。

难以达到专业要求。可正因为他的文人气质与学者底蕴，在“读万卷书”的《有报天天读》之后，2009 年，凤凰卫视又为他专门开设了一档“行万里路”的《走读大中华》，令其丰厚的思想见地与复杂的转型社会现实产生互动。通过媒介与社会的荧屏互动，杨锦麟、《走读大中华》和凤凰卫视一并个性化呈现。

(2) 王鲁湘。他是宗白华在北大带的硕士，自称是“从体制内逼出来了，从书斋里逼出来了，从书本里逼出来了”[①]的王鲁湘，2001 年加盟了凤凰卫视，在历时三年的《纵横中国》里走遍了大江南北，梳理了以地域为关键词的中国文化。从这个意义上说，他与《走读大中华》的杨锦麟一样，都有着传统文人“读万卷书，行万里路”的抱负，只是走读的重点不同。但相同的是，凤凰卫视给了他们实现文人抱负的机会与平台。

从 2006 年开始，在主持《世纪大讲堂》之外，王鲁湘又接手《文化大观园》。该节目制片人周周曾提到，“这个节目经常涉及书画名家的选题，就是因为王鲁湘，这是他的研究兴趣”[②]。毕竟，在凤凰卫视的公职之外，王鲁湘还兼任清华大学美术学院教授、博士生导师。在周周看来，王鲁湘在处理书画选题时，往往体现出作为一名知识分子的坚持，不人云亦云，有自己的眼光。

(3) 梁文道。梁文道自 1999 年加入凤凰卫视中文台，成为《锵锵三人行》的常任嘉宾。他在节目中独到的见地和清晰的逻辑，拓展了有别于官方的传统思维观，这使《锵锵三人行》被外界誉为“中国大陆

---

① 安库雷：《被打捞出来的王鲁湘》，南方周末网站，2008-04-25。http://www.infzm.com/content/4472.

② 根据与《文化大观园》制片人周周的访谈记录，2010 年 7 月 14 日。

最受知识分子推崇的谈话类节目”[①]。

之后，梁文道陆续担任多档节目的主持人和评论员。2007 年，他在凤凰卫视开设读书类节目《开卷八分钟》。在华语电视界，作为观众的我们终于有机会看到、听到经典人文社会理论和中外严肃文学的探讨和反思，这罕见于内地电视台。相较而论，当下内地的读书节目或是变成“故事道场”，或是变成“畅销书排行榜”。2008 年，梁文道还在凤凰卫视开设了议论两岸三地文化现象的节目《文道非常道》。

不过，在梁文道自己看来，“我其实很讨厌媒体，当作工作来做吧，尤其电视这个行业，很浮华”。比起电视节目，他一如传统的文人，更看重自己的文章。而无论文章或节目，他认为，“我没有太多的选择，我已经老了，还能为这个国家这个社会做什么呢？写东西和做节目是我现在能为国家社会做的最好的贡献”[②]。一种知识分子的坚守和关怀由此表露。

（二）“有故事的人”及其经历

除了一批具有独到见地的业者，在凤凰卫视的历史—人文生产中，还有多位具有特殊经历的业者。他们身处光鲜夺目的荧屏背后，通过调研，笔者了解了他们的经历。在这些“有故事的人”之中，尤以《冷暖人生》节目团队最有代表性。

在主持人陈晓楠看来，《冷暖人生》“是一幅现代版的《清明上河图》。就是要让你知道，当下这个时代是一个什么样的时代，这个时代是靠着林林总总的各种普通人的命运组成的一个时代。在这张图上，

---

① 梁文道：《维基百科》，2011-04-11。http://zh.wikipedia.org/wiki/%E6%A2%81%E6%96%87%E9%81%93.

② 徐瑾：《出世入世梁文道》，经营网，2009-06-20。http://news.cb.com.cn/html/17/n-37317.html.

我选的典型人物有着很多浓缩的信息和符号。他们身上有着独特的人格魅力,一种人性的光泽"[①]。那么,如何表现人格魅力、发掘人性光泽?制片人朱卫民认为,"在拍摄时间紧,又要完全打开被采访者内心世界的矛盾下,就对编导有非常高的要求。做其他节目很好的人,做《冷暖人生》不一定能做好,做《冷暖人生》一定要有一定的社会阅历,需要有很强的观察人的能力"[②]。虽然,很多成功的节目业者乃至教科书上,都会提到生产主体社会阅历的重要作用,但朱卫民在这里的强调,却不仅仅是一种教条和姿态,而就是他本人的真心话和亲身体验。

为什么这样肯定?因为朱卫民在深度访谈时告诉笔者,"来凤凰卫视之前,我曾做过生意、蹲过监狱。从 1992 年大学毕业到 2002 年出狱的十年间,都在'混社会',几乎一事无成。但是,这段经历很宝贵,锻炼了我对人的观察和理解能力,能够很快很直接地去贴近、去判断。到了 2003 年,当我三十多岁的时候,才进入凤凰卫视。虽然多年没做节目,但我到凤凰做的第一期节目《一粒珍珠的故事》,就获得了当年度凤凰卫视'最佳专题节目'奖。还有一期我做的节目,叫做《生死时速》,拍的是我在监狱里的一个'牢友',是我带着摄制组回到监狱去拍的——这是我在凤凰拍的第二个节目,当时别人都不相信这是我做的"[③]。

正是因为身处底层、边缘的人生经历,"我们没有刻意强调边缘、弱势。在镜头前,所有的人都是一样的普通人"[④]的朱氏言论就更为

---

① 朱冰、毕蜂:《口述凤凰》,作家出版社 2006 年版,第 189 页。

② 同上书,第 345 页。

③ 根据与《冷暖人生》制片人朱卫民的访谈记录,2010 年 5 月 27 日。

④ 同上。

真切。即便如此，朱卫民并没有走向一味的批判，在讲述他的经历时，他也没有激昂的语调、激烈的话语，始终是不疾不徐。朱卫民还说，“我们绝不急功近利去评判什么，那样就过于工具化和功利化了，反而没有实质的价值。我们要超越这种评判，不要只是破坏，而要找寻建设性的内容，进行真实的记录和有一定距离的观察”①。

在这个有着“中国最高龄编导团队”的《冷暖人生》节目组，还有一位被称为“老五”的电视人。他是转业军人，也是中国最早富起来的一批人，喊他“老五”是因为他曾卖过505神功元气袋，当时很有钱，因故破产之后来凤凰卫视做电视。现已年近五旬的“老五”经常说：“在这里做节目是自我救赎，因为我有钱时什么都不信，现在通过采访还能在不同人的内心找到可以称为‘善’和‘真情’的东西。”②

《冷暖人生》另一位步入不惑之年的“老枪”季业，他的故事同样丰富。作为一名从某地方电视台主动辞职的业者（曾经做到制片人），他以其对社会和媒介的厚重理解，所做的《灰姑娘》等节目在业内外乃至海内外影响颇大。在凤凰卫视2010年的年度工作会议上，他获评为“最佳专题制作人”。但由于人生经历使然，季业却在获奖感言中反思，“这是一个浮躁、名利的时代，我们推出打造‘三名’的口号，这是一种鼓励，但我觉得如果你是奔着名利来的，你可能就会撒谎、做秀、突破底线。做电视是发不了财的，电视人还是淡泊一点好。淡泊一点，电视会给你回报”③。

综上，正如朱卫民的总结，“这是一支有着特别经历的团队，我们

---

① 根据与《冷暖人生》制片人朱卫民的访谈记录，2010年5月27日。

② 赵钢：《我们在寻找“隔壁的中国”》，载《新周刊》2010年第6期，第55页。

③ 走过2010，在鼓励中前进、前进、前进进，凤凰情报站，2011-01-07。http://blog.sina.com.cn/s/blog_61fd043301017h3i.html.

一帮四十多岁的'老人'还在一线坚持着。因此,在凤凰卫视内部,我们节目组很受尊重,在整幢楼里(凤凰会馆)都被喊'老师'。《冷暖人生》没有名人的夸夸其谈,也没有骇人听闻的事件,一路走下来,很不容易"[1]。面对这一群"有故事的人",笔者在深度访谈之后记下了这样一段话:制片人"老朱",是有过经年牢狱之灾的四十多岁老男人,另几位编导也都是故事多多的"主儿"。他们做节目,不需去找某种姿态或腔调,只需用自己的阅历去感悟和记录,做出的东西就已经很真实、很出色。

的确,在凤凰会馆乃至在凤凰卫视的整间公司中,经历丰富而特殊的历史—人文业者为数不少。他们用电视节目影响观众和社会的同时,也在平常的生产机制实践中对其他凤凰业者(特别是新一代)施加着从工作理念到人生观的影响。另据笔者的调研,由于驻扎在北京的凤凰卫视新闻业者和上述历史—人文业者也同楼层、同室办公,因此,他们在工作中也很受"老朱们"的影响,在选题处理和外采中,彼此也常互通有无(香港总部、台北记者站等地也有类似情况),这对于凤凰卫视整体的生产机制实践和角色制造活动而言,产生出基于生产主体的互动和优势。

(三)典范人物:以刘春和窦文涛为例

上文是对历史—人文业者的"有代表性的群像描绘"。在这群人当中,又有两个典范——刘春和窦文涛——兼具卓尔见地与丰富经历而在凤凰卫视中具有强大的气场,这也是韦伯所理解的卡里斯玛(charisma)。

---

① 根据与《冷暖人生》制片人朱卫民的访谈记录,2010年5月27日。

由于笔者与“春台”的学缘关系，以及，透过刘春涉猎颇广的文字，你会发现这是一个在嬉笑怒骂背后正襟危坐着的人，也是一个在喧嚣的传媒江湖中“独钓寒江雪”的人。用他自己的话来说，“（在凤凰卫视的历史—人文生产中）真的东西非常平淡，也难以言传。事业单位的人，理想比较大；而我只看眼前，把自己先做好，绝不动摇基本的职业操守：第一，在政治上绝不能瞎冒风险，不能把凤凰卫视做‘死’了；第二，绝不通过节目寻租，要挣的是合法收入；第三，只要在媒体一天，有可能的话，就会把我作为知识分子的诉求放在里面，《冷暖人生》、《社会能见度》、《一虎一席谈》、《凤凰大视野》、《走读大中华》等节目的创建和选题，基本上都出自于我”①。

单方面的说法，或有偏颇。但经笔者的调研发现，在相关节目制片人、编导口中和具体生产“实战”里，都能清楚地看到“春台”的影子。

刘春投射于历史—人文节目的影子，并非一闪而过、昙花一现，而是源自他长期以来对文学和历史的喜好。这位 20 世纪 80 年代的中学教员和诗人，在进入“广院”读研之后，继续保持了“文学青年气质”——刘春也曾坦言，这是当年一介穷书生仅有的“文化资本”②，“他曾创下纪录，一个月发表 12 篇学术文章，在各类学报评点西方现代思潮，从海德格尔到里尔克，从萨义德到符号学，少年意气，但没人笑话”③。从央视到了凤凰卫视之后，他发现“凤凰卫视在历史的表述

---

① 根据与原中文台执行台长（现搜狐公司副总裁）刘春的访谈记录，2010 年 4 月 28 日。

② 同上。

③ 傅小永：《凤凰卫视中文台刘春：诗歌也是人生状态》，人民网，2007-06-27。http://media.people.com.cn/GB/40606/5917146.html.

上有着很大的话语空间,没有牵扯到现实的利益集团,做历史有时候不完全是规避现实的政治风险,而是对现实产生极大的推进力量"①。于是,我们看到带着"春台"影子的历史—人文节目在凤凰卫视陆续推出。可以说,如果没有刘春,凤凰卫视的历史—人文生产和凤凰会馆倚重历史—人文的风范都会失色不少。

当然,也正如韦伯在解析卡里斯玛时指出的,"个人魅力型领袖往往具有高度的个人化特征,为此他们的气质与所有的工具—目的合理性行动以及日常生活中所有司空见惯的力量是格格不入的"②。通过与刘春的接触,笔者发现他内心的不安和孤独感,以及外化而出的超越性,较为极端的例子是《凤凰大视野》。这档历史—人文纪录片节目,在凤凰卫视中文台日播,按一般的生产机制去理解,它应该有较为庞大的节目组在支撑。但是,《凤凰大视野》只有刘春一个人。作为"光杆司令",他以外请"雇佣军"(凤凰卫视其他节目的编导、其他电视台的制作人和其他电视制作公司)的方式,自2004年创办至今,在社会影响力和广告回报获得"双丰收"。"光杆司令"和"雇佣军"打配合的生产机制,一方面反映出刘春强烈的个性色彩,另一方面也培养了生产主体的专业素质和生产情境的专业氛围。

与刘春平日一样,窦文涛总在节目中嬉笑怒骂。但据笔者的深度访谈,了解到他也是个深藏不露、极度敬业的电视业者。在刘春那里,"窦文涛从没豪言壮语,但是是一个踏实而敬业的人"③。在杨理口

---

① 朱冰、毕蜂:《口述凤凰》,作家出版社2006年版,第224页。

② 乔治·瑞泽尔:《布莱克维尔社会理论家指南》,凌琪、刘仲翔、王修晓译,江苏人民出版社2009年版,第176—177页。

③ 根据与原中文台执行台长(现搜狐公司副总裁)刘春的访谈记录,2010年4月28日。

中,“窦文涛是不世出的天才。他能够像闪电一样,把脑子里的东西串联起来,并且拥有非常精确的语言控制能力”[①]。在张力眼里,“他虽然偶尔会孤独,但却是一个精神世界很丰富的人。那么嘈杂的世界,诱惑很多,窦文涛也会摇摆。的确有很多人来请他,但他还是保持了自己独立的品格”[②]。而在其他同事的评价中,窦文涛身上结合了天资和勤勉,绝非要要嘴皮子而已,更是“拿着大把钱,过贫民窟生活”的一个人。

为什么说“拿着大把钱,过贫民窟生活”?在张力的描述中,窦文涛过着一种“清教徒”的生活:“他几乎从来不在外面吃晚饭(应酬),每天都是自己在家煮速冻饺子,而且每天只在录完节目之后吃一顿饭,节目录完的时候往往已经凌晨三四点了。他只要在家,主要就是读书,面很广,这样他可以把各种读到的东西勾连起来,这是一般人很难做到的。在读书之外,他为了保持状态,每天在跑步机上跑四十分钟步。而且,直到现在,在名气很大、工作量也很满的情况下,为了节目,只要觉得有点没说清的地方,他还是会跟着编导一起进机房剪片子。他的节目感觉很好,哪段要、哪段不要,判断得很准。而一般的主持人很难做到这一点,更不会进机房。”[③]

窦文涛为什么要这样拼?这样拼了又会怎样?张力的解释是合理的,她说:“窦文涛出生在一个工人家庭,能有现在的机遇,他很感恩,感恩之下就更加努力。而且,他是我们这一代人(‘60后’),在我们身上多多少少都带有一点儿理想主义的色彩,想做出一点东西,还

① 根据与原《文涛拍案》制片人杨理的访谈记录,2010年6月29日。

② 根据与北京节目中心副主任、《锵锵三人行》制片人张力的访谈记录,2010年8月18日。

③ 同上。

有一点家国情怀在里头。从一个主持人的角度来说，窦文涛今后的主持寿命会很长。主持人是节目的灵魂、也是节目的‘小丑’，气氛是什么样，话题转到哪，都是由主持人来把控的。这个思路与凤凰卫视的整体思路也是一样的。凤凰卫视之所以主打主持人、评论员，也是因为他们每个人都有自己的风格、魅力。如果还是走体制内电视台的那种路线，以编导为主，主持人只是一个‘传声筒’，那么节目就会有割裂的感觉，也没有生气。而且，既然是‘传声筒’，那谁都可以做嘛！关键是样子好不好看，但样子的好看又能持续多久呢？”①

张力的解释，经笔者的调研，也得到了印证。在凤凰会馆办公室里，笔者从未见过窦文涛一面，他的每一个工作日，的确可谓“不在棚里（演播室），就在去棚里的路上”。为此，窦文涛超出常人、恪守“清规”的行为模式，成为其他凤凰同事的职业典范。虽然，他们在提到窦文涛时，可能会用一种戏谑的腔调。但在这种腔调背后，往往透着钦佩之情，并影响了他们对工作和生活的态度。

三、历史、人文生产的活动：回看与反思

在凤凰卫视历史—人文生产机制的实践中，“影响有影响力的人”是一个突出的使命句，但刘春认为，“我们落地有限所以无法根据收视率来销售广告，理论上凤凰有一亿八千万受众，但真正能看到凤凰的还是比较少，影响有影响力的人这是市场逼的”②。换句话说，“有影响力的人”才能更方便地看到凤凰卫视。

---

① 根据与北京节目中心副主任、《锵锵三人行》制片人张力的访谈记录，2010 年 8 月 18 日。

② 朱冰、毕蜂：《口述凤凰》，作家出版社 2006 年版，第 222 页。

上一章曾提到,由于宣传管理部门的逐渐“重视”和央视、新华社近年软硬件高投入带来的生产机制升级,凤凰卫视的新闻生产机制实践和通过其展开制造的角色制造活动及“舞台”,受到了一定的冲击。“拉近全球华人的距离”的角色制造任务,就更需要倚重历史—人文生产机制的实践。

如果说,新闻生产基于时间要素的考虑,强调的是新鲜度(recency)和即时性(immediacy);那么,历史—人文生产则基于过往的事件、人物和场景,强调的是回看(look back)和反思(reflection)。如何回看?又如何反思?接下来,本文将串联生产情境与主体,进入历史—人文生产活动的实况。

(一) 回看:从选题到视角的判断和处理

所谓“回看”,指的是在历史—人文生产中,大部分题材并非取材现时“大事”,因而在时间轴上具有一定的弹性。虽然也有一部分题材具有新闻性,但也不全以新鲜度和即时性为鹄的,而是追求厚重的描述和审慎的处理。

从整体上看,凤凰卫视的历史—人文节目涉及古今中外政治、社会、宗教、文化等诸多领域。与内地其他电视台相比,除了少数较为敏感的话题(像《口述历史》做过顾顺章、张闻天等的内容),凤凰卫视的选题并无太多另类选择。若只重视敏感话题和另类选择,对凤凰卫视而言,具有一定的播出风险,将会遭遇“迎客松”或被完全掐播。更严重的时候,甚至会影响节目、频道乃至公司的生存。就拿《口述历史》来说,这档原本在中文台播出的节目,因为做了顾顺章的内容,触及到某些历史人物在历史中的评价,而引发这些历史人物的后人们的强烈不满,于是,节目被要求停播。到了2009年,《口述历史》改名为《中国记忆》播出了一年，再往后，节目被挪到影响面相对小的资讯台（因为中文台被许可在珠三角地区落地，而资讯台不被许可）播出，2012 年《中国记忆》也被停播。2010 年，在笔者与前制片人于文华的深度访谈中，能够感觉到节目组“元气大伤”，正如他所说，“在‘调整’之前，观众对我们节目的反馈很多，兄弟媒体的回应也很热烈。但现在，我们就很谨慎了，不过也没办法，因为一定会触及一些敏感的事件与人物，所以要处处小心”[①]。

于是，凤凰卫视历史—人文生产的另类路径，主要不在于选题本身，而在于选题的视角选择上。对于视角的倚重，是媒介组织在话语空间受到太多的“规范性期待”之后，对于生产机制所进行的修正，同时体现出一种实用主义的创新。它之所以会发展，与组织过去和现在的条件有关，并且与组织的特性产生互动。这也是一种“痛苦的创新”，“在环境施加的压力之下，组织被迫进行创新的组织行为”[②]，有两个层面的体现。

第一个层面，凤凰卫视在进行历史—人文生产时，回看的视角与内地电视台不同。

同样是做汶川地震的内容，港媒、外媒做的是地震本身以及对政府的质疑，体制内电视台大做特做的是赈灾救助活动，而《冷暖人生》的《陈坚的最后 79 小时》却做足了生命个体与死亡之间的人性文章。同样是做朝鲜半岛的内容，外媒一般选择美国和韩国的视角，央视、新华社做的是属于“规定动作”的时政报道，而《皇牌大放送》的《朝鲜纪

---

① 根据与原《口述历史》、《中国记忆》制片人（现《凤凰资讯榜》制片人）于文华的访谈记录，2010 年 6 月 22 日。

② 理查德·H. 霍尔：《组织：结构、过程与结果》（第八版），张友星、刘五一、沈勇译，上海财经大学出版社 2003 年版，第 217 页。

行2009》却深入朝鲜国内选择了一种靠近却超然的视角。由此不难理解,为什么《陈坚的最后79小时》获得芝加哥国际电影节电视纪录片类“人文专题项目银奖”,而《朝鲜纪行2009》获得国际广播协会“2010最佳国际传媒奖”、“历史纪录片评委会高度评价奖”——它们首先是视角取胜。

第二个层面,凤凰卫视内部不同的历史—人文节目在面对同一选题时,也有意识选择不同的回看视角。

比如做朝鲜战争的内容,在《凤凰大视野》中是壮怀激烈的战争纪录片,在《中国记忆》中是对志愿军战俘营的深度解读,而在《冷暖人生》中是对志愿军战俘个体的今昔关照。不过,也必须指出,由于选题本身的范围限制,再加上媒介组织内部较为一致的社会—历史观念,目前凤凰卫视的历史—人文生产中出现了大量同质化的操作,用于文华的话来说,“历史与人文题材,就像一锅底料不变的汤,熬得太多、太久之后,难免就淡了。这些题材以前是蓝海,现在是红海,我们自身也在消耗,做一个少一个了”①。

在选题和视角确定之后,又该如何操作?

与新闻生产中遇到的逼仄境遇一样,凤凰卫视的历史—人文生产并没有因为回避某些敏感选题而在生产实况中得心应手,朱卫民曾这样描述他们的采访经历,“我们经常像‘鬼子进村’一样去采访、拍摄。因为我们的身份是境外媒体,所以,很多时候,别人根本不搭理你,‘大门关死了’,我们只能像‘游击队’那样进去。但也有好几次,我们还在村子里就被扣了下来”②。在同样逼仄的境遇中,想要拍到真正有

① 根据与《中国记忆》(原《口述历史》)制片人于文华的访谈记录,2010年6月22日。
② 根据与《文涛拍案》制片人杨理的访谈记录,2010年6月29日。

价值的素材不容易,想要拍好就更难。而且,凤凰卫视几乎所有历史—人文节目组都处于人少、钱少且节目量大、周期短的“过饱和”状态,节目制作的难度又被加大。那么,他们如何应对?这里以《冷暖人生》为例,作一分析。

《冷暖人生》有一期节目叫做《华山独臂挑夫何天武》。朱卫民告诉笔者:“由于节目组人少,我虽然是制片人,但同样在不断干活。甚至很多时候又做摄像、又做编导。‘独臂挑夫’这个题材,不是我们首先发现的,也是从网上看到何天武的事情,我们就直接跑去华山。跟踪拍摄的时候,从华山山下一直跟到顶峰,说实话,我在路上是心里没底的。到了后来,我只能是爬着走。在一同上山的过程中,我与何天武边走边歇边聊,这样才逐渐进入到他的生活中。特别是我还帮着他背了一段,彼此之间的距离就更拉近了。我发现:他并不是可悲的社会底层,没有怨声载道,他有自己的欢乐和幸福。每当讲到家庭、孩子时,他身上展现出的那种力量很让人触动——这就是我们节目希望寻找的东西。而且,随着何天武走了一天,到了黄昏才登上华山的顶峰,我自己的感受都有不同。当时想的是:如果不拍这条片子,我也要爬上华山。这就变成了个体的一种行为。”①

请注意朱卫民说的“我还帮着他背了一段”。在凤凰卫视大量历史—人文节目中,无论是面对高层人物还是草根阶层,凤凰业者往往能够进入所涉题材和人物身处的场景,进行既非仰视也非俯视的叙述和解读。而且,这种平视的叙述和解读,不仅是媒介组织为了内容生产而采纳的特定姿态,也是凤凰业者基于职业理解的一种非功利的条

---

① 根据与《冷暖人生》制片人朱卫民的访谈记录,2010年5月27日。

件反射，比如朱卫民还提到，“我们会常年跟节目中的人物保持联系，看看他们接下来有什么故事。何天武就一直跟我有联系，最近还给我打电话，说他去参加全国的残疾人运动会，获得了三项冠军。我说，好！过两天跟你再喝酒。我们珍视这种节目之外的长期朋友关系；也会对他们经常回访，有机会就再做一期”①。

笔者曾在本研究之前看过《华山独臂挑夫何天武》，当时感慨于两点：第一点，朱卫民作为编导，他在片中衣着朴素、言谈平实，没有任何刻意的言行表达，难怪能贴近华山上的挑夫。第二点，华山险峻非常，做这期节目自然在体力上也辛苦非常，华山挑夫的确更辛苦。

而在和朱卫民交流之后，我也确认了一个之前的猜测。笔者也曾看过《冷暖人生》的另一期节目《华山挑夫》，当时就在想：这是不是在拍摄何天武时顺便“带”的一期节目？朱为民告诉我：“上华山的一路上，我们看到不同的挑夫，特点都很鲜明。所以，下山时我们没有坐缆车，还是一路走下来的，在过程中记录了其他挑夫。我们只是路遇，机器一架就拍了；十几二十分钟，我们就采访。两天的时间，上山、下山两条片子就出来了。”②

由上可知，历史—人文的回看，无疑是艰难的，因为这不仅是“坐而论道”，还要跟着“上山下海”。但在艰难之中，凤凰业者并没有自怨自艾、消极怠工，而是将选题处理的灵动性和对成本与效率的追求落实到具体的生产机制实践中。

《冷暖人生》的情况，在凤凰卫视媒介组织具有一定的代表性。根据与历史—人文节目组的接触，类似的“血泪史”和不以“血与泪说事

① 根据与《冷暖人生》制片人朱卫民的访谈记录，2010 年 5 月 27 日。
② 同上。

儿”的通达和追求也频频出现在我的访谈记录中。

如果说,类似的“血泪史”反映了凤凰业者在历史—人文生产中的感性一面的话,那么,“摆事实,不讲道理”就概括了他们理性的一面。《凤凰大视野》、《皇牌大放送》、《走读大中华》等节目都能看出“摆事实”的效力,本研究在此以曾经热播的《文涛拍案》为例展开说明。

在制片人杨理眼中,“摆事实,不讲道理”的选题处理方式是逐渐被认可、贯彻开来的。

2003 年开设的《文涛拍案》,经常触及国内外大案要案(国内大案,往往更敏感)。再加上节目新开尚处摸索阶段,节目组每周都需要临时报选题、做文稿,于是马上遇到了瓶颈,“到了 2004 年,节目停了,因为主持人窦文涛顶不住了:每周,从周三开始,他需要看一个通宵的材料,周四录像。每次录像,又是一个再构思的过程。在录像的棚里面,文涛到处转圈,‘像个鬼一样’,因为每次录像都要录十几个小时。半夜时分,他在整个楼里转圈,偶然见人,就管人要个火、要个烟,把别人吓一跳。录像完了后,他还盯着编辑、合成——他说那是‘劳改’的一年,再做下去要出人命了。但是,凤凰卫视停了节目,别的电视台却纷纷上马同类节目,比如重庆卫视《拍案说法》、江西卫视《传奇故事》等。于是,到 2005 年,凤凰卫视又重开《文涛拍案》,在深圳做了一年,可到了年底,窦文涛又顶不住了”①。

怎么办?在 2006 年迁到北京之后,“摆事实,不讲道理”开始成为节目组处理选题的共识。这一共识,现在看来是理性的、有效的。因为“媒体没什么资格来讲道理。有资格讲道理的,是最高统治者或者

① 根据与《文涛拍案》制片人杨理的访谈记录,2010 年 6 月 29 日。

圣人。作为媒体，我们只摆事实，道理由观众自己去判断。在《文涛拍案》中，窦文涛就像正反方的律师，观众就像陪审团。这样的做法，让我们的节目不是显得水平低了，而是高了。规避了轻易下判断带来的麻烦。此外，2006 年之前，我们不敢触碰一些敏感事件、案件，但掌握了'摆事实，不讲道理'原则之后，我们发现一切题材都可以做，只要不下判断，都没有问题。毕竟，呈现在我们面前的材料，永远是不完整的，根据材料做的判断、讲的道理，终归也是不完整的"①。

不过，在"摆事实"回看中，对于选题和视角的选择，对于"大道理"的回避，在本质上，也是一种"讲道理"的方法。

（二）反思：投诸影像的观念与关怀

凤凰卫视的历史—人文生产，还借助影像的力量，投射出业者和媒介组织的社会反思。这种反思不仅体现在播出的节目成片之中，在生产机制的实践中，早已有所弥漫和预示。正如朱卫民所说，"我在凤凰新员工培训时，就讲到：不希望我们的摄像机只是谋生的工具。若只是这样，扛着摄像机的我们，和扛着锄头的农民是没有区别的。我们在活着之外，要做些自己坚持的东西"②。

"做些自己坚持的东西"，需要对坚持的东西有所反思，以避免标签化的认知，否则就会失去坚持的主体——自己。季业就说过，"有人一提《冷暖人生》，就说我们关注'边缘'、'小人物'，一听到这两词我就恨得慌，中国有九亿农民、两亿农民工、几千万工人、几百万老兵，每一群都可以组成一个庞大的国家，怎么他们就成了'边缘人'？承载着深厚的历史真相和深刻的现实矛盾，每一个出现在我们节目中的都是

① 根据与《文涛拍案》制片人杨理的访谈记录，2010 年 6 月 29 日。
② 根据与《冷暖人生》制片人朱卫民的访谈记录，2010 年 5 月 27 日。

大人物"[1]。

反思之所以成立，必须与所"反"之世相对立统一起来，否则，何反之有？据笔者的调研，为了增强反思的针对性，近年来，凤凰卫视的历史一人文生产普遍加入和当下的联系，哪怕与书斋议论、经院思辨靠得最近的《世纪大讲堂》也在逐渐贴近时新话题。另外两个有代表性的例子是《凤凰大视野》和《锵锵三人行》。

《凤凰大视野》是一档典型的日播纪录片节目，它的选题和时事多有联系，在辛亥革命、建国、解放战争、朝鲜战争等纪念节点，节目会推出相关的专题纪录片。但在节目文本之外，笔者通过调研发现：与其说这个节目制作了有针对性的选题内容，不如说它更有针对性地影响了社会中的"反思者"（包括知识阶层、专业人士、党政军官员乃至商界人士等）。而这批"反思者"，与凤凰卫视"影响有影响力的人"之中的"有影响力的人"又有较多重合。

纪录片的演进及其特征，在影像与媒介层面反映出国家、社会与个人如何记忆、又记忆了什么的问题。有什么样的记忆，就有什么样的未来，而转型中国却有太多的"健忘者"，太少的"反思者"。恰好，《凤凰大视野》中无论"应景"与否的节目都与"反思者"关心的内容吻合（从它的播出单就可见一斑）。这里不想花太多笔墨在节目文本的分析上，还是进入生产机制的实践中去寻找关于"反思者"的针对性。

最常见的，是通过日常化的收视行为。在节目收看过程中，社会中的"反思者"与《凤凰大视野》的历史一人文纪录片产生共鸣，并由此引出对凤凰卫视的角色共鸣。

---

① 季业：新浪微博，2010-11-01。http://t.sina.com.cn/1428546035.

凤凰网和其他互联网渠道,令《凤凰大视野》的再度传播成为可能,甚至借助互联网的力量扩大了传播范围。媒介组织也做出了有针对性的机制回应:2010 年底,凤凰网专门开设了纪录片频道。

最后,也是最特别的。据调研发现,拥有一定社会资源的"反思者"时常通过各种渠道向凤凰卫视讨要感兴趣的节目光盘。刘春等也乐得做"顺水人情",他们有时会将优质的历史—人文节目成套刻盘,并制作成礼品,有针对性地送给相关人士。历史—人文节目,此时变身为特殊的"企业名片"、"文化名片",成为节目本身和媒介组织的广告。从这个意义上说,专访国际高端人物的《风云对话》、专访省部级高官的《问答神州》也有此功用。

如果说,《凤凰大视野》在节目的日常生产和播出之外,通过各种渠道与模式,拉近了与"反思者"(特别是转型社会中上阶层人士)的距离。那么,《锵锵三人行》则是通过话题选择的转型,体现出凤凰卫视的社会—历史观念和人文关怀。

据刘庆东介绍,"《锵锵三人行》节目的中文名称虽然从未变过,但英文名称却从早期的 Wen Tao Teatime 更改为现在使用的 Behind the Headlines with Wen Tao"①。从 Teatime 的消遣和闲散到 Behind the Headlines 的针对性和现实意义,语词所传达出的意味,也印证了刘春对《锵锵三人行》的判断,"'锵锵'近两年来有着巨大转变。因为早期的活力在于窦文涛的插科打诨,但现在是网络时代,段子满天飞,电视节目靠插科打诨是没有生命力的。于是,'锵锵'就面临生计问题。而且,凤凰卫视走到今天,定位是高端平台,'影响有影响力的人',这就

① 根据与国际经营副总裁、《时事辩论会》主持人刘庆东的访谈记录,2010 年 11 月 16 日。

需要内容的支撑，信息量、思想火花要到位。所以《锵锵三人行》的节目就相应作调整：一是选题，过去是怎么样呢？风花雪月、文人谐趣，外加荤段子、黄色笑话。这样的选题有两个问题——聊多了没东西可聊了；以及，凭什么今天的观众要听这样的聊天？所以，我们要关注更多社会热点、纪念日和独家话题，节目要从最新事件出发，强调新闻性。方式还是雅俗共赏，但加入现实社会的责任与担当"①。

从香港到北京，《锵锵三人行》的生产机制实践能够从 1998 年坚持到今天，而内地诸如《实话实说》等同类节目却黯然关张，必须看到媒介组织与历史—人文生产之间的良性互动，必须看到前者对于后者的重视和支持。正如张力所说，"只有在凤凰卫视，我们才能试验。'锵锵'从一档讲黄段子的节目发展成一档知识分子的节目，看似现场三个人不变，但几乎每一期节目在变，每一个时期也在变。有的时候，我们恨不得每天都在说段子，后来说段子不行了，没有什么内容，我们就开始把段子背后的东西说出来，这就回到了知识分子话题、回到了现实关怀——是谁给'锵锵'以这样的变化空间？是凤凰卫视。在这里，没有人对你的节目指手画脚，完全是节目组和主持人在琢磨节目的事儿。凤凰卫视给了节目相对自由的空间，只有在这样的空间里，'锵锵'才可能不断变化、发展"②。

正因为从选题到视角的审慎判断和灵活处理，有针对性地进行反思，并和转型社会中的"反思者"保持互动，再加上媒介组织对于历史—人文节目和业者的重视和支持（有时体现在"保护"节目和业者

① 根据与原中文台执行台长（现搜狐公司副总裁）刘春的访谈记录，2010 年 4 月 28 日。

② 根据与北京节目中心副主任、《锵锵三人行》制片人张力的访谈记录，2010 年 8 月 18 日。

免受或少受宣传管理部门的制约甚至打压,比如,有时“老板”会顶住来自“上面”对节目的批评,由他或其他高层直接出面斡旋;实在顶不住的时候,也会以对节目影响尽量小且一线业者可以接受的方式婉转传达),凤凰卫视的历史—人文生产,才能在新闻生产遭遇阻击的局面下,走出一种另类路径,并为媒介组织的角色制造活动提供充分的舞台。

综上,通过在凤凰会馆形成的一种诉诸建构性的“电视知识分子”之“偏好性期待”及其在生产机制实践中的体现,凤凰卫视的历史—人文生产走出一条另类路径:在这条道路上,高端人群对于媒介组织的“信念性期待”与之发生了微妙的互动;当然,也是在这条道路上,凤凰卫视为了避免与来自宣传管理部门的“规范性期待”相龃龉,也特别警惕自己滑向阳光卫视的异类路径。

第四章　天下被“网”罗：凤凰网为核心的全媒体生产

新闻节目和历史—人文节目，并不是凤凰卫视生产机制实践的全部产品，其他还有娱乐节目(《凤凰资讯榜》、《娱乐大风暴》等)、生活类节目(《完全时尚手册》、《美女私房菜》等)。但是，新闻生产和历史—人文生产，却是凤凰卫视角色制造活动的主要支撑，它们分别从“大事”和“大势”出发，以最主要的华人区域为枢轴，聚拢电视观众“看凤凰”的目光，走向“拉近全球华人的距离”的成就角色。

“大事”和“大势”的采制已属不易，采制之后，能否传播出去？“中国广播电视系统比起报业系统来，管理思想要更加谨慎。原因是多方面的，主要原因还是在政治稳定和意识形态方面的考虑。其次，电视行业内部多年形成了单纯的技术工具观念，比较缺乏现代传播理念和人文理念”①。而据笔者的调研，凤凰卫视经由传统电视频道的传播受到了比内地电视台还要严格的控制——比如说，节目制作后不允许播出，播出时遭遇“迎客松”或信号被掐，还有其他相对隐性的播

① 吴予敏：《变革中的中国电视体制和电视文化》，参见中华传播学会：《2001 年年会论文集》，2001 年。

出制约——它在转型中国媒介舞台上的表演,难免束手束脚。

面临制度环境和宣传管理政策暂时无法出现质变的情况,媒介组织从技术环境中寻求突破,就成为一种可能。这种可能性,在凤凰卫视这里,落实为全媒体生产的机制调整,在刘爽那里,它被描述为"通过网站、电视节目、广播节目、报纸、书籍、杂志全方位传播产品、理念"[①],其中的核心是凤凰网。

第一节 全媒体的逻辑起点:实用主义技术观

全媒体之"全",不是目的,而是手段。手段背后,实践手段的主体,依然是媒介组织。正如诺斯告诉我们的,"知识和技术存量规定了人们活动的上限,但它们本身并不能决定在这些限度内人类如何取得成功。政治和经济组织的结构决定着一个经济的实绩及知识和技术存量的增长速度"[②]。

凤凰卫视,将全媒体生产机制实践于技术环境的突破中,不是为了创新而创新进行的"面子工程"(整间公司的成本意识极强),而是基于它的实用主义功能:拓展角色制造活动的互联网空间。但在这一空间中,正如江艺平所言,"上世纪80年代进入报社的年轻人被告知要具备'铁脚、马眼、神仙肚'的本领。进入互联网时代,记者们发现网络更像个'铁脚马眼神仙肚'的超人。但是,它不会改变新闻的本质和

---

① 刘爽:《全媒体时代到来凤凰新媒体蓄势待发》,凤凰网传媒,2010-08-25。http://media.ifeng.com/news/tradition/tv/detail_2010_08/25/2320131_0.shtml.

② 道格拉斯·C.诺斯:《经济史中的结构与变迁》,陈郁、罗华平译,上海人民出版社1994年版,第17页。

规律"[①]。从江氏新闻生产的言论拓展到媒介生产的全局，机制层面的本质和规律并未因互联网而发生变化，反而要注重延续性的问题。若以此为逻辑起点，在当前中国媒介研究界"以新为上"的"强技术决定论"(strong or hard technological determinism)思潮中，方能保持应有的警惕，并在传播技术的演进中，理解和解释媒介组织遇到的真问题。

值此，先厘清技术与社会、组织的关系，以及实用主义的理念与策略两个问题。

(一) 技术与社会、组织的关系

传播技术的演进，给媒介组织带来了诸多再造的可能性。这种再造的可能性，并非只有简单的利好层面，但"媒介化社会"中的个体，难免被"由来只有新人笑，有谁听见旧人哭"的话语和实践裹挟。为此，费里奇不无担忧地说："只要阅读这些专为新的信息和通信技术而写作的书籍，人们就可以想到，只是到了20世纪末，人们才发明了交往的机器。"[②]

诚然，大众传播和媒介组织的演进之路，是以信息技术领域的一次次革命和"信息交往机器"的一次次更替为里程碑的。但是，费氏也告诉我们，技术与机器的发明、变革并不仅仅在声、光、电等物理属性中产生价值，它们更来自于社会，被不同时代所选择，进行于不同国度的发明人之中。它们之间有着互相的联系，并在影响公共空间和私人生活的同时，其"生与死"以及应用领域也受到社会环境的影响。因

---

① 江艺平：《融媒时代记者人脉的变与不变》，载《新闻实践》2010年第11期，第12页。

② 帕特里斯·费里奇：《现代信息交流史：公共空间和私人生活》，刘大明译，中国人民大学出版社2008年版，导言第1页。

此,“一件发明的历史就是一系列技术的、社会的转移的历史”[①]:19 世纪初叶,信息传播技术与交往机器作为现代国家生成的“推手”与治理的工具,牢牢地站住了脚跟;30 年代后期开始,它们在商人、交易所的利益驱动下,一点点向市场空间挺进;到了 70 年代,它们又随着维多利亚之风,潜入家庭领域。[②]

20 世纪以降,我们继续看到:传播技术的发展,建构了越来越个人化、私密性的交流空间,却也越来越容易“出卖”你的一切;因为高额投入与深远影响,让“自然垄断”从 AT&T 一直延续到 Google;国家统治、战争博弈、商业逐利乃至 ICT 技术诱发的网络乱象,在破立之间游走,且两端的力量均越来越强大;制造了一个又一个特大的信息城市,密集、便捷又有效,但也让世人离都市中心的物理距离越来越远,当你不要一秒钟就能通过电脑处理国际交易时,却要用数小时从家里赶到办公室;在想象中,人与人、国与国之间更容易拉近距离“手拉手”,却也在现实中,带来了更深的信息壕沟、观念区隔,在通往“心连心”的路上南辕北辙[③]。

于是,面对着传播技术的发展,人们在得到处失去,又在失去处得到。而且,“随着社会的变迁、传播技术的涌现以及日常生活的日益媒介化,传播思想及相关研究越来越表现出不明确的、多样的、多义的甚至是混乱的特征”[④]。这种混乱,表现并影响于经济、政治、社会、文化、技术、教育等多个领域。那么,如何厘清这种混乱?针对本研究,

---

① 帕特里斯·费里奇:《现代信息交流史:公共空间和私人生活》,刘大明译,中国人民大学出版社 2008 年版,导言第 3 页。

② 同上。

③ 理查德·W. 布利特:《20 世纪史》,陈祖洲译,江苏人民出版社 2001 年版。

④ 贝尔纳·米耶热:《传播思想》,陈蕴敏译,江苏人民出版社 2008 年版,中文版序言第 1 页。

笔者以为,需要在社会结构中,梳理技术与组织的关系问题。

技术与组织的关系,自20世纪50年代起,形成了三种有代表性的观点,分别是"技术决定论"、"技术结构化理论"以及"互构理论"①。

20世纪50年代,由伍德沃德引领的"技术决定论",是对组织研究的古典理论(包括泰勒工程学取向的科学管理、法约尔的一般管理理论,厄威克和古利克的组织设计理论还是韦伯的科层制研究等)的一种反思,她发现"在用规模和工业类型来解释组织结构差异失败以后,转而试用技术来解释,并获得了比前两者更好的解释效果"②。但张燕、邱泽奇认为,"从大规模统计中得出的结论应用于个体组织在的技术应用时,'技术决定论'必须在具体的应用环境中有条件地加以修正。对结构约束边界的追问必须深入到单个组织内部技术变迁与组织结构变迁过程的考察,才能理解在现实生活中诸多具有高绩效取向的先进技术的水土不服症;当绩效制约的边界清晰地展现在我们面前的时候,披在技术外面的决定论外衣自然就褪去了"③。

"技术结构化理论"源自对于"技术决定论"的反思,它借着吉登斯结构化理论风行的契机,开始转到个体组织内部的行动领域考察技术应用,尤其是新技术引入引起的组织结构变迁。代表性人物巴利假定技术是一种具有触发动力机制的社会性对象,"技术确实以一种规律性方式影响了组织结构,但其影响有赖于内嵌于其中的特殊的历史过程。并且,由于技术仅仅是社会背景中影响行为模式的诸多因素之

---

① 张燕、邱泽奇:《技术与组织关系的三个视角》,载《社会学研究》2009年第2期,第1页。

② Joan Woodward, *Industrial Organization: Theory and Practice*, New York: Oxford University Press, 1965.

③ 张燕、邱泽奇:《技术与组织关系的三个视角》,载《社会学研究》2009年第2期,第5页。

一，即使同一种技术也可能触发不同脚本的过程，进而导致不同场景中的不同组织结构"[①]。不过，在张燕、邱泽奇看来，"这一论调也许是受到吉登斯宏大社会理论的束缚，而没能深入到互动层面解开触发器背后的社会性本质。巴利只能给技术赋予一个触发器的角色。在他那里，技术是外在于结构化模型的，是一个外生的触发器。触发器理论更多的是对前期技术决定论的技术制约性的一种补充"[②]。

邱泽奇及其研究小组认为，上述两种观点"忽视了技术的实践性而没有获得技术与组织关系的机制"[③]。他们提出"互构理论"，强调技术与组织的关系是技术提供方和技术使用方之间相互建构的过程。"互构理论"中的互动，凸显的是技术结构和组织结构背后的行动者，"技术是社会互动的媒介，技术通过互动的社会行动者改变行动者，也在行动者互动的过程中得到改变"[④]。从而，在互构论的互动中，要分析的主体是背后的行动者而不是技术本身，技术仅仅只是行动者互动的媒介。为此，"只有把技术的应用环境纳入讨论，在具体的社会情境中，分析行动者之间的互动，才能展现真正丰富的技术差异性和组织差异性"[⑤]。

相较而言，笔者更为认同"互构理论"对于具体情境中"技术的实

---

① Stephen R. Barley, *Technology as an Occasion for Structuring: Evidence from Observations of CT Scanners and the Social Order of Radiology Departments*, Administrative Science Quarterly, 1986, 31(1).

② 张燕、邱泽奇：《技术与组织关系的三个视角》，载《社会学研究》2009年第2期，第8页。

③ 邱泽奇：《技术与组织的互构——以信息技术在制造企业的应用为例》，载《社会学研究》2005年第2期。

④ 邱泽奇：《技术与社会变迁》，参见李培林、李强、马戎：《社会学与中国社会》，社会科学文献出版社2008年版。

⑤ 张燕、邱泽奇：《技术与组织关系的三个视角》，载《社会学研究》2009年第2期，第12页。

践性”以及“背后的行动者”的分析，因为社会组织角色实现“模式化的行为”也是经由具体的行动者面对各种期待，通过技术化、可操作的生产机制来进行的。继而，在凤凰卫视的全媒体生产中，本研究也倾向于分析行动者和他们所采用的技术和机制实践。

（二）实用主义的理念与策略

“全媒体”，并不是一个严谨的学术概念，而是一种实用主义的媒介理念与策略。就凤凰卫视的全媒体理念与策略而言，它的官方网站上有如下介绍：“凤凰新媒体于2006年在原凤凰网基础上重组上线，首创中国跨平台跨媒体的联动传播模式，专注一亿高端网民，通过旗下综合门户凤凰网和手机凤凰网，网台联动，提供含文图音视频的全方位综合新闻资讯、深度访谈、观点评论、财经产品、互动应用、分享社区等服务，满足主流人群浏览、表达、交流、分享、娱乐、理财等多元化与个性化的诉求。据Nielsen online 2009年数据显示，在与综合类门户的评比中，凤凰网的周覆盖用户规模排名已经进入前五，访问用户的文化程度、收入水平、管理层和专业人员的比例远高于各大门户网站。另据Alexa最新流量排名，在传统媒体门户网站中，凤凰网全球排名前三位；在亚洲和大中华地区稳居第一。”①

“我们在理解新媒体时，不应过分强调其所具有的技术特征”②，因此，抛开技术和数据性描述，上述文字提到的凤凰网与综合类门户和传统媒体门户的对比，是这里要强调的，其中可以体现出凤凰网对于凤凰卫视的实用主义价值。

---

① 公司介绍，凤凰网，2011-02-25。http://www.ifeng.com/corp/about/intro/.

② 格雷姆·伯顿：《媒体与社会：批判的视角》，史安斌译，清华大学出版社2007年版，第212—214页。

与综合类门户相比,凤凰网在诸多“硬指标”上“矮人一头”,但它占据了一块高地,“中国的媒体市场本身就够大,凤凰网的差异化、历史人文的导向,我们独有的专访,都是我们竞争的优势。现在没有任何一家门户网站如我们这般,拥有一家像凤凰卫视这样强大品牌的电视台。凤凰网在传统电视和新媒体的转换中,前景乐观”①。正如康恩福特和罗宾斯所说,“新媒体往往在很大程度上依赖于对旧媒体内容的重新包装”②。凤凰网把凤凰卫视的差异化内容,在互联网上进行了“重新包装”,为媒介组织的角色制造活动开设了又一门户。

与传统媒体门户相比,虽然大部分内地电视台都建立了官方网站,但有相当一部分是“徒有其网”。互联网的确是新的传播技术和形态,是任何媒介组织实践全媒体生产的重要领域。不过,“新”不等于“有用”,电视媒介组织创建自己的网站,一开始要思考一个问题:究竟有什么用? 这也就是说,创建自己的网站,并非目的本身,而只是达到目的的手段。在凤凰网的历史演进中,我们可以看到一个明确的回答:建立凤凰网,可以扩大凤凰卫视节目的传播范围。对于只有中文台能够在珠三角地区落地的凤凰卫视来说,通过互联网扩大节目的传播范围,有着与内地其他电视台不同的特别价值,即以“网罗”填补“落地”的缺憾。如此一来,喜欢看凤凰卫视但所在地区接受不到信号的观众,也就可以通过凤凰网收看节目。

从凤凰卫视到凤凰网,再到以凤凰网为主体的凤凰新媒体,有所突破的是传播技术和形态,一以贯之的是媒介组织的角色。这里的启

---

① 刘爽:《互联网没有永远的王者》,凤凰网,2010-08-26。http://www.ifeng.com/corp/about/sound/newmedia/2010/detail_2010_08/26/3232104_0.shtml.

② James Cornford, Kevin Robins, *New Media*. in: Jane C. Stokes, Anna Reading, *The media in Britain: Current Debates and Developments*, Basingstoke: Macmillan, 1999.

示在于：电视，作为传统媒介组织的典型代表，在进入互联网和其他新媒体之时，需要根据自身的情况，用好已有的内容资源。如何才能用好？不同的电视台有不同的体现，比如，在凤凰网，是突破凤凰卫视内地"落地"的限制；在央视网，是为中央电视台打造国际信息传播的平台；在芒果 TV，则是湖南电视台地面频道节目的全国播出。

综合起来，凤凰网既突破了对凤凰卫视的技术控制，又承载着凤凰卫视的品牌和内容资源，体现出网台之间"和鸣"的良性关联。而且，就整个媒介组织而言，凤凰网在节目生产、资本运营的自主性和重要性上，也有提升，"早期的凤凰网主要由凤凰卫视向其传输内容和资源，而现在，凤凰网已开始反向传输内容给电脑和电视"①。到 2011 年 5 月，凤凰卫视分拆旗下的新媒体业务，"凤凰新媒体"（NYSE：FENG）于美国纽约证券交易所独立上市；而 2013 年开年，凤凰卫视也计划推出一档真正意义上的全媒体节目《全媒体全时空》，每周一至五晚上六点半在中文台、美洲台、欧洲台、凤凰网和 U-Radio 五大平台同步直播。

第二节 互联网作为"表演区"：凤凰网的生产机制及其他

在转型中国的媒介舞台上，凤凰网为凤凰卫视的角色制造活动提供了一块新的"表演区"。本节关注这一"表演区"中的生产机制实

① 刘爽：《互联网没有永远的王者》，凤凰网，2010-08-26。http://www.ifeng.com/corp/about/sound/newmedia/2010/detail_2010_08/26/3232104_0.shtml.

践,由于是一个全新的领域,媒介组织在其中的开拓恰如步步为营的“挖地雷”游戏,偶然和必然、机遇和挑战兼容;而非“下围棋”一般,摆开阵仗、黑白分明。

另外,由于凤凰卫视在博客和微博上的重视和建设,这一部分内容也将放在本节进行讨论。

一、凤凰网的生产与再生产

本研究之初,未曾想把以凤凰网为代表的凤凰卫视全媒体生产纳入对其生产机制实践和角色制造实现的探究范围,因为虽然“国内部分电视台已经将网站作为独立业务单元来进行重点发展。如何发扬互联网的媒介特性,用足电视媒体的传统资源,找准自身的定位,是电视台网站建设要面对的重要课题”①,但在学界业界流行的新媒体、全媒体话语反而引起了笔者的警惕。可是,为何现在要辟出专章进行阐述呢?

问题的答案来自笔者在凤凰会馆的观察和与深度访谈对象的交流:首先,凤凰网的业者每周都会参加凤凰会馆每周的“选题会”。其次,刘春说起凤凰卫视面临的播出控制时,特别提到,“在收视多元化的时代,最起码还有凤凰网可以去看”②;于文华也认为,“要解决处于成熟期进一步发展的问题,凤凰卫视的新媒体部门,借鉴了早期凤凰卫视的风采,做得很好。它既不是综合性的网络媒体,也不是电视台的网络媒体,而是有其自身特色,它借助于内容资源,又有独特的创

① 郭炜华:《从 Alexa 数据看电视台网站建设——以央视网、凤凰网和金鹰网为例》,载《电视研究》2009 年第 6 期,第 28 页。

② 根据与原中文台执行台长(现搜狐公司副总裁)刘春的访谈记录,2010 年 4 月 28 日。

新，比如凤凰网的历史频道”[①]；在吴晓波看来，“凤凰网除了在内容品质上保留了凤凰卫视的特色之外，他们自己生产的内容也不错，有文字，也有节目。而且，在凤凰网上需要付费收看的完整节目（凤凰宽频），这部分的收入也相当可观”[②]。

另外，郭炜华也指出：“央视网、凤凰网、金鹰网的访问者主要来自中国大陆，其中凤凰网相对于央视网，来自中国内地的访问量占全站访问量的比例较高，这一方面说明了央视网的国际影响力；另一方面，可能也因为凤凰网一些差异化内容对内地网络用户更有吸引力，但相对于境外访问者则差异化优势不大。”[③]从他的表述中，笔者可以看到凤凰网对于凤凰卫视新闻生产和历史—人文生产的借鉴；在互联网领域，凤凰网在实现着的角色，也与凤凰卫视基本吻合。

具体而论，凤凰网的生产机制实践有以下三方面的表现。

（一）传统电视节目的网络再生产

打开凤凰网页面，进入凤凰卫视专区，我们可以看到节目、主持人、记者的视频、图片和文字信息。这不是凤凰网的专属机制，在央视、SMG或湖南卫视的官方网站上，也可以看到同类内容。但同类内容产生的传播效果并不同，特别是无法直接收看凤凰卫视节目的观众，凤凰网提供的节目视频可以满足他们的观看需求。这也是凤凰网目前最为实用主义的优势。一旦凤凰卫视的收视完全开放，凤凰网的这一优势就不再明显。

---

① 根据与原《中国记忆》、《口述历史》制片人（现《凤凰资讯榜》制片人）于文华的访谈记录，2010年6月22日。

② 根据与北京节目中心资深编导吴晓波的访谈记录，2010年6月7日。

③ 郭炜华：《从Alexa数据看电视台网站建设——以央视网、凤凰网和金鹰网为例》，载《电视研究》2009年第6期，第28页。

如果只是把凤凰卫视的内容产品直接放到凤凰网上,这种简单化的处理对于同样可从其他网站上看到凤凰卫视节目的网络观众而言,凤凰网的吸引力就不再突出了。于是,我们看到凤凰网在生产机制层面的一项微调,它将凤凰卫视的各类节目拆开重组,重新命名,并以一种门户的方式,按不同的频道进行细分。这样一来,凤凰卫视的内容产品经过“网络语法”编辑、加工,成为了凤凰网与其他网站竞争的砝码。

以《锵锵三人行》为例,这档节目总时长为半小时(刨去广告段落,净时长约为二十余分钟),当它在电视频道中播出时,一般由插播广告隔出三个部分。而为了应对网络观众分散的注意力和收视的碎片化特征,凤凰网会把二十余分钟的净时长节目切割成五到六部分、每部分三到四分钟,并且,为了提高视频段落的标识度和独立传播的可能性,还会对每一段落的视频进行再命名。

好比2011年2月25日播出的《锵锵三人行》,凤凰网就按照时间顺序分割为“窦文涛:北京楼市限购令催生假结婚市场”、“马家辉:香港楼价被外地人推高期待限购”、“窦文涛:世界只存在有钱人和穷人两种人”、“窦文涛:大城市正宗本土居民往往并不多”、“梁文道:买房应根据自己需求勿盲目炒楼”、“马家辉:北京部分新社区配套设施不足”六个段落。在每个段落的预演视窗上方,凤凰网还会提示:本期节目总共有几个段落,你正在收看的是第几个段落。并且,当网络观众收看节目段落时,在一个段落结束之后,凤凰网会自由过渡到下一个段落(按时间顺序)。

除了上述在电视节目内部进行再生产的机制实践以外,凤凰网还从电视节目的外部着手,“合并同类项”、集中设置“专题包”。这里有代表性的是“十年过眼:纪录片里的新世纪”,在这个“专题包”当中,凤凰网按照时间顺序,把21世纪头十年全球发展、重大事件用影像(配合若干图文资料)串联了起来——作为串联载体的影像内容,不是新近制作,也不是来自兄弟电视台,而就是凤凰卫视曾经播出的相关节目。比如,在其中名为“2003:独裁者之死”的专题中,承载着的节目是《凤凰大视野》在2004年初播出的《伊战启示录》。

不过,在凤凰宽频(有偿节目)的收看中,上述符合网络收看习惯的再生产机制就不再使用,而提供的是去除广告的连续性节目。凤凰宽频的传播效果,类似于凤凰卫视在凤凰网上开设的数字付费频道。另外,网络观众还可以通过凤凰网的卫视直播板块(中文台和资讯台),直接看到实时播出的电视节目。它的传播效果,接近于凤凰卫视在网上开设的数字免费频道。

当然,凤凰网的再生产机制,除了对凤凰卫视内容产品的网络传播优势之外,对它在电视频道中的产制也有助益。比如,在“凤凰卫视—凤凰网互动专区”中,《华文大直播》、《天下被网罗》、《时事辩论会》、《问答神州》、《锵锵三人行》、《时事开讲》、《震海听风录》等节目通过与网民的互动,把它们的观点和调查数据直接带到节目之中,成为内容的一部分,同时也可以获得潜在的后续选题。

再如,据笔者的调研:由于“落地”的局限和收视率统计的不完整,凤凰卫视媒介组织中很多节目的制片人、编导并没有像内地同行一样拥有详实的节目数据报告。于是,凤凰网上的观众留言和互动内容成为了他们判断内容产品优劣的重要指标——“网络口碑”,为凤凰业者所看重,并直接带来节目选题和模式等生产机制实践方面的调整。

基于上述,虽然凤凰网的高层近年来多次强调了自身的独立性、变革性及其对媒介组织的引领价值[①]。但在较长一段时间里,倚重凤凰卫视传统节目资源,并进行互联网再生产,仍将是凤凰网的主体功能和核心竞争力所在。而且,倚重传统节目及其背后媒介组织的角色期待资源,也体现出刘爽所说的:“现在由于新产品、新技术不断地涌现,互联网技术对门户的引领,被推崇到无以复加的地步。但是,媒体的气质被大家淡忘,我想对于新媒体来说,海量、快速、搜索的精准、互动都是非常重要的,但是对于新媒体、对于媒体,我想区别于户外大屏幕、液晶显示屏、软件公司、搜索公司,最本质的区别,那就是媒体必须提供判断、彰显人性、传递价值,我想无论是新媒体还是旧媒体这都是必须坚守的。”[②]

（二）网站专属内容的开发和生产

凤凰网在2010年底被《新周刊》评选为“年度最有价值网站(资讯类)”,提名辞是这样写的:“它是24小时不间断的包打听,第一时间发布最新资讯,它是1亿高端网民心中的真勇士,精于把握尺度,言他人所不能言。宜黄系列报道体现它的速度,世博系列报道体现它的广度,系列时事评论体现它的锐度。它是真正的新媒体:互联网、无线通信、电视网三网融合无缝衔接,也是旧媒体转型的最成功之作。”[③]“旧媒体转型的最成功之作”,一个“最”字有煽情之嫌,但所谓“转型”则是“既往”与“开来”切实并存。除了“既往”于凤凰卫视的传统节目,凤凰网也“开来”于网站专属内容的生产和再生产,较有代表性的包括

---

① 媒体声音(2006—2011),凤凰网,2011-02-27。http://www.ifeng.com/corp/about/sound/newmedia/.

② 刘爽:《凤凰网之道:坚守媒体气质打造主流人群门户》,凤凰网财经,2009-11-03。http://finance.ifeng.com/hybd/special/hlw2009/20091103/1421549.shtml.

③ 2010网络生活价值榜:凤凰网获年度最有价值网站,凤凰网,2010-12-03。http://www.ifeng.com/corp/about/sound/newmedia/2010/detail_2010_12/03/3332757_0.shtml.

专业频道、图文专题和视频节目等。

1. 专业频道的开设

在凤凰网的专业频道中，较有代表性的是评论频道、历史频道，这也与媒介组织整体的“媒体气质”相匹配。打开上述两个专业频道的页面，凤凰卫视中文台和资讯台相关的节目内容（文稿、视频）都可以方便链接，除此之外，还有若干有特色的机制设置，这里做出初步解读。

凤凰网评论频道主要有“专家评论”、“集纳评论”、“网友评论”三类内容。“专家评论”由凤凰网邀请各领域专家学者对某重大新闻事件发表评论，所请专家既有凤凰卫视和凤凰网旗下的“名嘴”，也有针对某一事件或现象所邀请的特约评论员；“集纳评论”集纳了全国各地具有影响的媒体评论，以及各类名人博客和匿名博客评论，范围广，容量大；“网友评论”有网民对于新闻事件的即时评论（新闻跟帖），同时，还梳理整合杂乱无章的信息，为网民开辟了“调查局”、“PK 榜”等栏目，增强了互动性。为此，邢艳归纳了五点特色：“选题紧贴热点、焦点，互动性强；评论话语崇尚自由，但也有理、有据、有节；积极把握网友心理，进行有效的舆论引导；重视专题策划，形式活泼，立场客观；视点多角度，评论个性化。”①对于“进行有效的舆论引导”的归纳，笔者不敢苟同。但基于本人在凤凰网评论频道的使用体验，强调互动、重视客观和自由表达（某板块就名为“自由谈”）的机制特征还是相当明显。

凤凰网历史频道的“底色”，与凤凰卫视历史—人文节目是共享

---

① 邢艳：《凤凰网评论频道的特色及不足》，载《青年记者》2009 年 6 月下，第 58 页。

的,它吸引了一定数量高端网民的眼球。通过文献的检索,笔者发现一位专业党史工作者的分析,很具代表性。在张荣辉看来,“凤凰卫视历史频道,按内容大体设置为重大历史事件专题、重要历史人物专题、国内外热点问题专题、特殊历史群体专题等四类。其策划呈现出深邃的历史感与鲜明的时代性相统一、宏阔的历史视野与严谨的逻辑架构相统一、严肃的历史主题与活泼的叙事风格相统一等特点”①。并且,张氏也提到,党史期刊的专题策划,可从凤凰网历史频道中得到启示:“一是要找准历史与现实的结合点,增强专题的现实针对性;二是要利用‘长镜头’和‘广角镜’,提升专题的历史纵深感;三是要改进叙事方式,提升专题的可读性;四是要加强队伍建设,构建一个高素质的期刊策划团队。”②这四点启示或有过誉之嫌,但从中可以看出凤凰网历史频道在生产机制实践中的特色,也可以看出斯帕克斯所认为的,“因特网对报纸的挑战是多方面的:从新闻报道的写作风格到报纸版面的排版式样,从新闻业的道德准则到报纸的经营模式”③,当然,这里体现的不仅是对报纸和新闻生产的影响,而是范围更广(出版业及文化生产领域)的影响。

2. 图文专题的策划

凤凰网图文专题的生产,分属于不同的专门频道。凤凰网业者每天都在策划不同类型、内容和风格的图文专题,以专题的方式聚拢网民分散的注意力和使用行为。笔者选择其中两个典型案例进行说明。

---

① 张荣辉:《试论凤凰网历史专题的策划特色及对党史期刊的启示》,载《党史文苑》2010年9月下,第15—17页。

② 同上书,第18—19页。

③ 科林·斯帕克斯:《从衰败的树根到鲜活的浮萍:因特网对传统报纸的挑战》,参见詹姆斯·库兰、米切尔·古尔维奇:《大众媒介与社会》,杨击译,华夏出版社2006年版,第260页。

(1)《穿越报》专题

这一专题自2010年全国“两会”前后推出以来,已成为凤凰网每年“两会”的特别产品。与凤凰卫视电视生产机制实践中遇到的捉襟见肘情况类似(甚至更严重),在凤凰网的生产情境中,“这里没有制片,没有名主持,也没有纪录片,只有一个编辑和数十万被各种各样猎奇欲望刺激得嗷嗷待哺的读者网民;没法拍摄视频,没有摄像,也没有演播室”①。

最终呈现的《穿越报》,在“编者按”中如此描述道:“值此全国两会召开之际,凤凰网历史频道小编误闯多拉A梦的如意门,不慎穿越至民国九年的中国,来到民国国会现场,顺手带回几本当时的旧报刊,随意涂鸦几篇旧闻报道,内容荒诞不经,如有雷同,纯属见鬼,请勿对号入座”②。现实的议题和历史的回应、当前的评论和历史的图片在《穿越报》一并出现。它在形式感和品质上的表现颇好,与凤凰卫视传统的历史—人文生产“借古论今”的“大势”路数也较为接近,甚至《有报天天读》节目还曾专门读了该份“报纸”的内容(也是媒介组织的一种自我宣传)。

(2)“凤凰私家相册”专题

与《穿越报》不同,这是一个常设的专题。这一专题,从本质上说,是凤凰卫视主持人、记者、节目嘉宾的网络推广平台(以照片展示的方式进行)。过往凤凰卫视“三名主义”的推广方式,主要停留在活动、宣传短片以及画册、书籍(在2004年、2012年,凤凰卫视曾出版两册同

① 刘嵩:《在尴尬中寻找希望》,载《点点滴滴》2010年第4期,第44—45页。

② 《穿越报》,凤凰网,2010-03-11。http://news.ifeng.com/history/special/chuanyuebao1/.

名图书）。现在，凤凰网又提供了一个面对更多网民的传播机会。

据笔者对凤凰卫视的观察，这是一个热爱留影的媒介组织，除了有专门的公关部因公司推介需要而拍摄活动和人物照片之外，也正如曹景行所描述的，“凤凰卫视的人对拍照的热衷，已经有点异乎寻常了。而且，凤凰人喜欢拍照，与凤凰卫视本身的特性多少有点关联。首先是公司高层人士，如老板刘长乐、台长王纪言，还有主管技术等业务的王酉年，个个都是摄影高手。过去许多年，凤凰都会请香港或者大陆的专业摄影师，来给我们主持人拍‘形象照’，作节目宣传之用。今年初在深圳为主持人拍照，却是由王纪言与王酉年亲手‘操刀’，用的是刘长乐刚刚配备的‘新式武器’。其中的原因一定不是为了省钱”①。

套用曹氏所谓“一定不是为了省钱”的说法，“凤凰私家相册”也“一定不是为了挣钱”，而是媒介组织经年形成的内部文化和互动关系在生产和公关领域的一种“外化”，哪怕在不被“外化”的凤凰内刊《点点滴滴》里，也有两个常规的摄影栏目，“以摄会友”和“凤凰私相册”。

3. 视频节目的生产

凤凰网专属的视频节目，是在生产机制实践中最具自主性的一种尝试。就当下而言，这种尝试的次数、规模和影响力仍处于初始阶段，难以判断未来走势如何。目前，有代表的包括《非常道》、《全民相对论》和《甲乙丙丁》。统观这三档专属视频节目，无论是命名方法、选题范畴，还是话语表达，它们都和凤凰卫视的电视节目较为接近。对于它们和以后新出现的凤凰网专属视频节目，笔者会持续关注，力求

---

① 曹景行：《光圈中的凤凰》，上海辞书出版社 2006 年版，第 1 页。

"深描"。在此仅对这三档的特征做一简单说明。

《非常道》由凤凰网娱乐频道在2007年5月推出，它与凤凰卫视常见的电视访谈节目类似，成本低、流程简单，正如节目宣传语中所说的：小空间，大言论，无需场面，只要气场，最大限度保留嘉宾原汁原味话语，不过多裁剪与包装。《非常道》的主持人选择，也和凤凰卫视电视访谈节目类似，它选择了知名业者担纲主持（资深娱记何东和电台主播王东）。在主持人何东看来，"这是一档'泛文化人物'的采访节目。它既可以邀请影视明星，同时也包括各路文化人物，比如像写出《美国的本质》的作者、比如像写出《大明王朝七张面孔》的张宏杰、比如像没张艺谋、陈凯歌、冯小刚那么热闹的导演贾樟柯；如果能邀请到的话，我还将会采访像李银河、于丹、易中天等等各位专家。同时，如果遇到突发新闻事件，也将邀请事件中的当事者做即时采访"[①]。作为目前华语网络访谈的典范，《非常道》获得了凯迪拉克、宝马、奔驰、华硕等品牌的冠名，而且凤凰卫视出版中心也在2011年初推出节目书籍《犀利问道》。在凤凰卫视的媒介组织当中，节目和业者推出相关书籍，是一种受到认可的表现，比如《锵锵三人行》、《世纪大讲堂》、《冷暖人生》、陈鲁豫、吴小莉、杨锦麟等都曾出过书。这就从一个侧面反映出《非常道》在生产机制实践中的成功。

《全民相对论》和《甲乙丙丁》的起点是凤凰网为2011年全国"两会"制作的特别节目，后来变成常规性节目。前者是与《一虎一席谈》类似的辩论节目，选题的内容和"两会"话题贴近。后者是一档每期大约八分钟、人物题材的短纪录片节目，与《冷暖人生》类似，节目力主还

---

① 主持人何东，凤凰网娱乐，2009-11-03。http://ent.ifeng.com/feichangdao/detail_2009_11/03/136804_0.shtml.

原争议人物(马诺、苏紫紫等)的平凡角色,并传达出他们作为普通公民对于“两会”的建言。目前,还尚难判断上述两档节目中长期的走势,不过,《全民相对论》的主持人是闾丘露薇,而《甲乙丙丁》也透出难能可贵的理性与关怀——这些不逊色于凤凰卫视电视节目的生产机制实践,令笔者有理由看好它们的发展,也看好它们对媒介组织角色实现的推动。

二、博客、微博的角色功能

笔者在此讨论凤凰卫视在博客和微博领域的生产机制实践,不是顺应业界和学界潮流“应景”来谈,而是有另外两方面的原因。

一方面源自研究者自身的经验。在笔者的博客、微博使用过程中,获得了一种较为强烈的感性认知:在华语电视台中,凤凰卫视及其节目组、业者对于博客、微博的重视和建设是较为突出的。事实上,也正是因为这种重视和建设,本研究从相关博客、微博里获得了一定数量的研究素材。

另一方面是因为笔者曾看到某内地电视台的某位制片人在微博里写下了这样一句话:“基本上,从一个节目组的微博可以看出这个团队对节目的感情以及未来这个节目的发展空间有多大。”①——这句话给了本研究较大的启发,坚定了笔者要探究一番的想法。

跟进说明的是:这里提到的博客和微博,并不涉及凤凰网。在笔者看来,首先,凤凰网的博客、微博尚无明显的影响力;其次,凤凰网博客、微博上的内容属于媒介组织生产出的产品。而在新浪、腾讯(根据

---

① 小勺子,新浪微博,2010-12-28。http://t.sina.com.cn/1646746275.

活跃用户数、用户活跃程度和用户逗留时间等指标[①],尤以新浪为主)等网站上,凤凰卫视及其节目组、业者的博客、微博,更加具有生产机制实践的特征,由此,这些博客、微博的角色功能成为讨论的主体。

那么,它们的角色功能是如何实现的呢?核心在于:媒介组织通过它们,不仅从产品的生产中,更从生产机制实践的记录中,实践角色制造的活动。

的确,在凤凰卫视及其节目的官方博客、微博上,以及凤凰业者的个人博客、微博中,网民通过其中更为私人化、更为平易生动的表达,可以了解到:原来凤凰卫视在发展中遇到如此多的困难,原来有一些节目做好了不能播出,原来凤凰业者在节目之外还有那么多的感叹,或是喜悦或是无奈……

可是,凤凰卫视(包括部分凤凰业者)并不愿意被外界看得那么透。因为媒介组织的角色制造活动,本来就基于观众的"非完全认知"。反过来讲,如果是"完全认知"或是"身临其境",凤凰卫视反而可能会失去原有的角色"光芒"。的确有某位凤凰卫视的记者随口跟笔者提到[②],"闾丘、胡玲在博客里说得太细了,一是没有必要说那么多,失去神秘性;二是也会被其他媒体'学'走";并且,业者说出太多一线生产的"秘密",在凤凰卫视的媒介组织中也不被提倡,毕竟,这是一间纯粹的商业媒体公司,部分处在"后台"的生产机制实践被视为"商业秘密"。另外,在长期关注凤凰卫视官方微博之后,笔者发现:自2010年10月底开始,官方微博的信息发布格式日渐"规范",每条内

① 中金公司,新浪微博竞争优势可持续,新浪科技,2011-03-01。http://tech.sina.com.cn/i/2011-03-01/18305231638.shtml.

② 此处隐去访谈者的具体信息。

容都标注出标题条目，在内容的选择上也愈加体现出媒介组织的选择和控制。

以上坐实了戈夫曼早先对于角色的印象管理（impression management）之判断，“人们表演的区域有前台和后台之分。前台是人们正在进行表演的地方，后台则是为前台表演做准备的、不想让观众看到的地方。人们在前台的行为举止与后台是不一样的。一般说来，应防止观众进入到后台来，而且，在前台也必须防止那些与演出无关者进入到表演中来”①。

即便如此，在博客与微博领域，凤凰卫视及其节目、业者，相较其他媒介组织而言，仍是较具开放度的一个群体。更有“凤凰粉丝台”等外界粉丝微博以和“凤凰小资”等内部趣闻微博，以及刘春、闾丘露薇、杨锦麟、程鹤麟等今昔资深业者作为“微博控”、“博客控”在网络上的积极发声，这种将后台行为前移的做法，使得凤凰卫视的整体角色通过个性化的方式传递到网民那一端。诚然，博客、微博在技术—制度环境的作用下，开始呈现出愈加复杂的景观，这对于凤凰卫视的角色制造活动究竟是有益的，还是相反？或也呈现出日趋复杂的情况？还有待继续观察。

综上，互联网作为凤凰卫视生产机制实践的一个新领域，同时也作为其角色制造活动的新兴“表演区”，在技术环境的突破中规避了传统电视媒介生产中被施予的、较为严格的“规范性期待”，并在承续媒介组织原有“偏好性期待”的前提下，在传播范围的扩展中加大了外在利好的“信念性期待”之实现可能性。

---

① 欧文·戈夫曼：《日常生活中的自我呈现》，冯钢译，北京大学出版社2008年版，第97—99页。

结论　锵锵和鸣：媒介生产、角色制造与体制变迁

波普尔曾尖锐地指出，“历史命运之说纯属迷信，科学的或任何别的合理方法都不可能预测人类历史的进程”①，他提倡在“渐进社会工程”中学习并获取认识，所谓“渐进社会工程”是指“不把社会作为一个整体来进行设计，总是采取能够不断改进的小规模的调整和再调整来实现目的，避免进行复杂的和大规模的改革”②。

笔者认同波氏对历史和社会的理解，借用他的“渐进社会工程”视角检视中国转型社会的媒介体制与机制变迁时，相对微小、边缘且可逆的变革能够产生见微知著的效果。并且，这些变革的出现，一如波氏所说，“只有少数的社会建构（social institutions）是人们有意识地设计出来的，而绝大多数的社会建构只是‘生长’出来的，是人类活动的未经设计的结果”③。

在上述社会—历史观念的支撑下，本研究关注了凤凰卫视经由生产机制实践带动的角色制造个案。角色制造的概念，意味着凤凰卫视

① 卡尔·波普尔：《历史决定论的贫困》，上海人民出版社2009年版，第1页。
② 同上书，第53页。
③ 同上书，第51—52页。

在转型中国的媒介舞台上，首先争取到一个角色，然后实现这个争取到的角色，并在实现的过程中充分利用和展现独特的“偏好性期待”——此一演进过程，对于中国媒介体制而言，是未经设计的结果之一，因为在这个“舞台”上，原本没有凤凰卫视的“戏份”，需要它自己去争取。而凤凰卫视在转型中国媒介舞台上的“表演”（生产机制的实践），也由它“由外而内”的争取而“生长”起来。要补充的是，另一种未经设计的结果是“自下而上”、“改戏”、“加戏”的体制内媒介组织的角色演绎，比如《南方周末》、《南方都市报》等——“由外而内”与“自下而上”二者联动，对于来自宣传管理部门的“规范性期待”以及其他社会个体的“信念性期待”都施予了一定影响。

事实上，凤凰卫视的生产机制实践和角色制造活动，也是一定社会结构中“渐进社会工程”的一部分。本研究以媒介组织整体的历史发展为经，以新闻生产、历史—人文生产以及全媒体生产实况为纬，着力深描情境、主体和活动彼此影响、共同参与的“过程—事件”，追踪凤凰卫视从“立基于香港的境外体制外媒介组织”的归属角色走向“拉近全球华人的距离”（或称为“华语联结”）的成就角色的演进轨迹。

由于前文的深描和追踪尚与理论阐释之间存在一定的距离感，在结论部分，笔者试图消弭二者之间的隔阂，以厘清媒介生产机制实践、媒介角色实现与媒介体制变迁三者之间的概念关系。

第一节　“华语联结”的背后：媒介生产与角色制造的关系

在角色理论中，角色被视作一个趋于动态的概念，它首先是一系列的社会行为，这一社会行为的动力和目标是实现不同的“社会身份”——这是一个被权利和义务纵横定位的静态概念——归属角色，是作为起点的“社会身份”；而成就角色，是作为阶段性终点的“社会身份”。那么，谁来定义“社会角色”的权利和义务呢？答案是一定的社会结构对其实现主体的“行为的期待”。这一期待导致上述一系列的社会行为被“模式化”。由此，角色可以被理解成“模式化的社会行为”。

进入凤凰卫视的个案，可以看到：它的归属角色，也就是它的“出身记录”无法篡改；但是，它的成就角色却历经了从“城市青年台”到“华语联结”的修订。这样的修订，体现出媒介组织在角色行为中的能动性，即在“偏好性期待”和“规范性期待”、“信念性期待”中寻找平衡，其间“模式化的社会行为”也由生产机制的实践所支撑，并反向影响了后续的生产机制实践。更为重要的是，这样的修订对媒介组织的生存和发展还具有以下的功能。

对于凤凰卫视身处的“舞台”而言，“华语联结”是一个在媒介体制和宣传管理部门看来较为“安全”的成就角色，“华人”或“华语”的话语表达，不涉及意识形态的敏感问题，不触碰“党的新闻事业”的核心，它是“安全”的。正因为“安全”，凤凰卫视至少争取到了角色和表演的机会。

但是，“城市青年台”似乎也是一个“安全”的成就角色，甚至比“华语联结”看上去更为“安全”。那么，“拉近全球华人的距离”的优势功能怎么体现？这需要从媒介组织的层面去理解。因为“城市青年台”的定位侧重城市和青年，内容侧重娱乐和时尚。以凤凰卫视修订成就角色之后的表现来看，之前的定位和内容无法推导出后续的生产机制实践及其内容产品，那么，“凤凰变麻雀”的现象是很有可能出现的，形成对照的例子有澳门宇宙卫视和香港华娱卫视等。可以说，“华语联结”的成就角色不但促进和反映了凤凰卫视十五年来的发展，同时，它也给媒介组织今后的发展提供了更为宽广的想象和实践空间。

此外，“华语联结”在媒介组织的生产主体层面，也是一种凝聚力和号召力的象征。凤凰卫视内容产品的对象是广义上的“全球华人”（目前以内地的华人为主），而且，它的生产主体也来自全球华人界（目前以大中华区的业者为主），来自台湾的胡一虎、来自香港的梁文道、来自内地的窦文涛等人，他们既被“华语联结”所联结，又巩固了这一联结。

当然，成就角色只是一种关于“社会身份”的静态表述，若要理解任何社会个体的角色，还需进入动态的“过程—事件”，方可一探究竟。

于是，角色实现，在凤凰卫视体现出的是角色制造——这里面的“过程—事件”就有了学理分析的价值。那么，它在哪里得以实现？本研究在媒介组织的生产机制实践中找到了答案。我们看到：凤凰卫视的生产机制实践承载了角色制造的活动，并且，两者之间亦发生着不可割裂的互动关系。诚然，并非所有生产机制的实践都对媒介组织的角色制造有着积极的作用。本研究聚焦于凤凰卫视新闻生产、历史—人文生产和全媒体生产，就是源于这三类生产活动对于角色制造的正面效果和价值，“华语联结”在其中不仅是一句口号，更融入了具体的生产实况。

根据前面章节对新闻生产、历史—人文生产和全媒体生产的深描，这些生产活动对于角色制造的功能浮现了出来，在此一并“打捞”。如何“打捞”？这里选用“生产”和“消费”两张“网”。

在生产实况中,有三种和凤凰卫视发生致密关联的社会阶层值得一说,他们分别是:政府高层、商界人士和知识阶层。这三类高阶人士,分别拥有较具优势的政治资本、经济资本和文化资本。他们通过被采访、当嘉宾、做评论等形式,逐渐形成了对于凤凰卫视深刻的角色期待(混杂着"规范性期待"和"信念性期待")。深刻,不等于全然赞同,在凤凰卫视的节目中,他们会因为凤凰新闻业者的"截访"和调查报道而错愕,也会因为凤凰历史—人文业者的"揭底"纪实而恼怒。但这一深刻的角色期待,经由他们的社会影响力和"意见领袖"的能量,传递到各个阶层的人群之中,正如央视市场调研的一份报告所描述的,"凤凰卫视优质独特的内容资源及品牌价值,并通过在社会中担任意见领袖角色的高端精英人士之间的二次传播,全面深入影响到覆盖范围之外更广泛的受众群"①。

还有一种情况有利地体现出生产机制层面的角色制造,即凤凰卫视的业者实践,通过行业内的"业务交流",影响了其他媒介组织的生产者对凤凰卫视的"信念性期待"和对其自身的"偏好性期待";也通过"凤凰系列图书"、凤凰网、博客、微博等渠道,影响了社会民众对其的"信念性期待"。

在消费场景下,由于有关"大事""大势"内容产品的招牌效应,以及由于覆盖尴尬而不得不走的"高端路线",凤凰卫视也往往在收视活动(也即电视产品的消费活动)中与上述三类高阶人士相遇,作为观众的他们,对于凤凰卫视的角色期待亦深刻。有所区别的是,这种深刻带着更多的认同。现在,凤凰网的全媒体生产又为凤凰卫视搭建了一

---

① 央视市场研究股份有限公司:2006 年上半年度凤凰卫视观众满意度调查报告,凤凰网,2011-03-16。http://img.ifeng.com/image20010518/79094468455694336/01.pdf.

个新的“表演区”,“华语联结”可以通过互联网更方便地“拉近全球华人的距离”。

由上,媒介组织的生产机制实践和它的角色实现之间的关系,在凤凰卫视中得以鲜明呈现。这一呈现,不仅就本研究的个案而言具有解释力,也为理解转型社会其他媒介组织的个案提供了思路:媒介组织的生产活动,不仅生产了内容产品,也生产了自身的角色。媒介组织的角色行为,不仅通过与“规范性期待”和“信念性期待”之间的互动关系影响了同一“舞台”上的其他角色和“观众”,也通过“偏好性期待”影响了自身的生产活动。

第二节　“有限创新”之外:媒介组织演进与体制变迁的关系

从生产机制实践、角色实现活动及其之间的关系,可以看出媒介组织的演进历程,但只是描摹了媒介舞台上某位演员“唱念做打”的身姿和“粉墨亮相”的面孔罢了。虽说“媒介组织是社会的一个行业、专业,与医院、学校、律师行业等一样,有其自身的职业要求,运转规律与独特品性,并因此赋予其在社会中的独特位置。而这些独特性,既难以在诸种社会关系的作用中消失磨灭(相反,更多的是要加以尊重),更不宜使之淹没于一般的社会性之中,或索性为后者所代替”①。但“舞台”本身的重要性切不能忘,“导演”也不是“旁观者”。在本研究

① 黄旦:《媒介是谁:对大众媒介社会定位的探讨——兼论大众传播研究的社会学框架》,载《新闻与传播研究》1997 年第 2 期,第 70 页。

中，凤凰卫视的生产机制和角色，与它们有关的“过程—事件”莫不与媒介体制（及宣传管理部门）的变迁相关。先来交代一下：凤凰卫视所处的“舞台”是什么样的？“导演”会有什么要求？

钱钢曾用三个C来形容转型中国的媒介舞台：“控制（control）、改变（change）、混沌（chaos）[①]——三个C所呈现的是：媒介体制的制约（控制）与媒介组织的能动性（改变）之间的复杂关系（混沌）。”在这样一种复杂的关系中，钱钢自问了一个问题：“中国传媒会走向哪里？”他也自答了三种可能性：“强大权力和强大资本结合，造就红色传媒恐龙，用市场化获取的资金为巩固政治权力服务，这是一种可能。权力逐渐失效，市场成为唯一取向，‘只要能卖钱，就是好传媒’，是另一种可能。有没有第三种可能呢？那就是：出现一批独立的、负责的传媒，能不受权力控制，又不成为金钱的奴仆。这是我的期待。”[②]

另有学者曾思考钱氏的问题。在国家与新闻业关系的视角下，周翼虎推导出“第一种可能”，“国家从来没有放弃、放松过对媒体的控制，自从改革开放以来，国家队主要媒体的控制甚至越来越有效。主流媒体的态度已经自觉与国家意识形态越来越一致”[③]。——在社会各领域“国进民退”的趋势中，在从“喉舌”走向党营企业的历史轨迹中[④]，“红色传媒恐龙”的出现并非奇谈。

钱蔚也有同样的观点，在她看来，“从主观意愿上看，中国政府并

① 钱钢：《中国传媒向何处去》，参见钱钢：《中国传媒与政治改革》，天地图书2008年版，第5页。

② 同上书，第10—11页。

③ 周翼虎：《自由的抗争与自觉的入笼：中国国家与新闻业关系30年》，北京大学2008年博士论文，第223页。

④ 黄煜、魏然：《从“喉舌”到党营企业—中国大陆电视传媒四十年历史轨迹探索（1958—1998）》，参见中华传播学会：《1998年年会论文集》，1998年。

不想丝毫放松对电视传媒的政治控制”[①],虽然在媒介舞台上的确出现了“第二种可能”(市场取向),“中国传媒逐渐成为一个相对独立的利益主体,开始进行不同于政治逻辑的成本—效益核算”,但不意味着政府的放权,而只是“中国政府对我国传媒系统进行市场化改革而产生的一个始料未及的结果”[②],由此她还特别提醒,“在研究社会政治经济制度变迁时,应当努力跳出过于简单的因果对应的逻辑思路,而对人类行为所可能产生的一些无意识的结果应予以足够的关注;并且,要更加重视人类社会生活中不同领域之间的复杂的互动作用”[③]。

钱蔚提醒得好。先不去预测钱钢指出的“第三种可能”能否实现,毕竟,波普尔也提醒我们警惕预测之不可为。就转型中国的媒介体制和宣传管理者而言,一个典型的“无意识的结果”就是凤凰卫视的“锵锵亮相”。这种无意识对于这位“华裔外籍演员”而言,也具有极大的偶然性,正如钟大年所说,“当年刚开始做的时候,很难想象今天的状况,都是一步一步走出来的”[④]。刘春提到,“凤凰是个异类,当时的起步正好占了天时、地利与人和,但此一时彼一时,现在再来做,很难”[⑤]。这让人联想起昆德拉的一句话:“就算是嘶哑地喘息,人始终都在舞台上。而且就算是最简单的、最没有暴露狂倾向的,也是如此,因为人虽然不一定会把自己放上舞台,但别人也会帮他放上去。

---

① 钱蔚:《政治、市场与电视制度——中国电视制度变迁研究》,河南人民出版社2002年版,第210页。

② 同上。

③ 同上书,第211—212页。

④ 根据与原资讯台台长(现中文台台长)钟大年的访谈记录,2010年5月3日。

⑤ 根据与原中文台执行台长(现搜狐公司副总裁)刘春的访谈记录,2010年4月28日。

这就是作为人的命运。”①

可是,无意识或偶然性,不等于要被忽视。毕竟,凤凰卫视已经站在“舞台”上,并还在表演中。但凤凰卫视的发展与媒介体制变迁之间的关系,却时常被研究者忽视。

事实上,关于中国媒介体制变迁的研究文献并不少②,它们的描述和阐述也具有相当的解释力。特别是潘忠党将“体制”视为“社会主体在不同的时空坐标点多次重复的实践互动,体制是实践活动所倚赖的规则和资源,又通过这些实践互动而体现”③。在一种实践的动态视角下,他认为中国媒介体制的变迁采取了“有限创新”(bounded innovation)的形态,“要移植新的理念和吸纳非常规行动于制度规则,必须经过选择和打磨的过程:一个由政治—经济—意识形态的权力复合体所垄断的过程”④。媒介体制的变迁,就可看成是在媒介生产机制实践层面体现出来的“有限创新”。

应该说,上述理解具有极强的概括力,在较大程度上,也可用于凤凰卫视的个案。那么,笔者所说的忽视又来自哪里呢?

其实,如果将上述抽象的概括进行还原,我们可以发现:它的经验

---

① 米兰·昆德拉:《相遇》,上海译文出版社 2010 年版。

② 李良荣:《十五年来新闻改革的回顾与展望》,载《新闻大学》1995 年第 1 期;潘忠党:《新闻改革与新闻体制的改造——我国新闻改革实践的传播社会学之探讨》,载《新闻与传播研究》1997 年第 3 期;黄煜、魏然:《从“喉舌”到党营企业—中国大陆电视传媒四十年历史轨迹探索(1958—1998)》,参见中华传播学会:《1998 年年会论文集》,1998 年;陈怀林:《九十年代中国传媒的制度演变》,载《二十一世纪》1999 年第 6 期;潘忠党:《有限创新与媒介变迁:改革中的中国新闻业》,参见陶东风、周宪:《文化研究 7》,广西师范大学出版社 2007 年版。

③ 潘忠党:《新闻改革与新闻体制的改造——我国新闻改革实践的传播社会学之探讨》,载《新闻与传播研究》1997 年第 3 期,第 64 页。

④ 潘忠党:《有限创新与媒介变迁:改革中的中国新闻业》,参见陶东风、周宪:《文化研究 7》,广西师范大学出版社 2007 年版,第 13 页。

之源是体制内的媒介组织。因此,在潘氏和其他学者的阐述中,中国媒介体制变迁的场景主要落在《南方周末》、《广州日报》、央视新闻评论部之中,它们生产机制的具体创新实践支撑起了抽象概括出的媒介体制变迁。

但从角色理论看去,上述媒介组织都是直接接受了"导演"的剧本,无非再有"改戏"或"加戏"的行径而言,它们对体制变迁的贡献,只能被视作"自下而上"的突破。那么,是否还有其他形式的突破呢?这一贡献是否体现出"有限创新"的另外一种路径?或者,是否还有"有限创新"无法概括的内容呢?

有。对上述问题的肯定性回答,它的经验之源是本研究的个案——凤凰卫视。

首先,它走出的是另外一条"有限创新"的路径,在上文关于新闻生产、历史—人文生产、全媒体生产实况的深描中,已经看到许多与体制内媒介组织不同的机制实践模式,比如,由于在"党的新闻体制"的外部空间,它的内容产品不由宣传管理部门事前审查,而是事后审查,于是敢于"先做后说"乃至"只做不说";它的"临场发挥"以一种"弱势"(人力、设备及经费等)的姿态进场,却被逼出了不折衷于专业主义的"强硬"立场;它经常利用外界的"角色想象"达到自己的实用主义目的,特别是它在高端观众之中制造的"信念性期待",以及公司高层与高端观众之间的暧昧联络,都与强大的国家意识形态所施予的"规范性期待"形成良性的博弈——诸如此类,凤凰卫视的"有限创新"并非"自下而上"的协商,而是"由外而内"的逼近。

正因为是逼近,凤凰卫视比其他体制内媒介组织所受到的"关注"更大,也是战战兢兢、如履薄冰地在"走自己的路",却没有"让别人说去吧"的潇洒心态，毕竟，阳光卫视就是一个典型反例。所以，在"有限创新"之外，凤凰卫视还需要一些其他的东西，才能让它"由外而内"逼近，以超越"政治—经济—意识形态的权力复合体"，但又不至于失去自己角色施展的舞台。

再回到角色的视阈中，"华语联结"及其背后的生产机制，为凤凰卫视提供了它所需要的东西，笔者归纳为"一个立场，多种声音"。

凤凰卫视的公司使命中有这样一句话，"凤凰不单令世界逐渐走向中国，同时亦令中国逐渐走向世界"①。从这句话反观"拉近全球华人的距离"可知，它所联结的枢轴还是中国。而据笔者的深度访谈，诸多凤凰业者对于国家的认同感比我想象的要强，他们强调媒介对国家和社会的建构作用。中国，成为这家境外体制外媒介组织的"一个立场"。

那么，什么是"多种声音"呢？回顾上文对凤凰卫视生产机制实践的深描，里面有传统文化与佛教，也有西方专业主义和国际大事件；有底层影像，也有高层声音；有内地立场，也有港台视线；有拍案讲段子，也有文人清议；有李敖，也有余秋雨……而且，据笔者的深度访谈，钟大年、潘力等多位业者提到："凤凰卫视，不但成为中国高层非官方发声的'官方平台'，也成为别国有针对性地向包括中国在内的其他国家'喊话'的华语平台，比如，朝鲜向中国'喊话'，伊朗向东南亚'喊话'等。"②

可以说，"一个立场，多种声音"是凤凰卫视立足转型中国的关键所在，也是它与其他体制内媒介组织所参与的"有限创新"最为不同的

① 凤凰卫视控股有限公司年报，亚洲投资专讯，2011-02-28。http://www.irasia.com/listco/hk/phoenixtv/annual/cindex.htm.

② 根据与原资讯台台长（现中文台台长）钟大年、北京节目中心副主任潘力的访谈记录，2010年5月3日、5月26日。

地方。由上,在中国媒介组织演进与体制变迁的关系图谱中,一种"由外而内"的实践和影响通过本研究的描述性阐释被凸显了出来,它与"自下而上"的实践和影响共同施力于"体制红线",目的不是令其消失,而是产生弹性。诚然,从另一方面来看,"华语联结"、"一个立场,多种声音"表述的相对模糊和解释弹性,也直接导致凤凰卫视多年来难以明确自身"成就角色"的清晰走向,在不同时间会有所游移,甚至被其他内地市场化媒介同业看作是"价值观混乱"①。

第三节　重返生产机制:媒介实务层面的启示

前文阐述了与研究相关的两个核心关系,本节重返凤凰卫视生产机制的实践场景,力图提供若干实务层面的启示。毕竟,无论是角色的制造,还是媒介体制的变迁,这些环节得以实现,皆需要媒介生产实况中"过程—事件"的支持。

的确,正如吴晓波所说,"1996 年,在澳门也有一批人在做着与香港同样的事情,我那时就在澳门卫视,但很快就散了。如果让澳门那批人到香港来做,他们还是做不出凤凰卫视的成绩"②。那么,为什么凤凰卫视能够做出来?

首先,刘长乐、钟大年等公司高层以及与公司交往甚密的星云大师,都曾强调凤凰卫视采用了典型的东方管理法,也就是一种"家"文

① 参见胡舒立在第三届"中国近现代报刊的理念与实践"学术研讨会上对于凤凰卫视的评价,2012 年 4 月 26 日。

② 根据与北京节目中心资深编导吴晓波的访谈记录,2010 年 6 月 7 日。

化的管理方法。用王纪言的话来说,“家园不仅是家,兄弟姐妹、亲戚,还有我们的公司。现在很多的朋友们和评论者在评论凤凰的时候都说到一个家的概念,凤凰把自己设计成为一个标本,一个千万家庭的缩影,在公司内部创造出了一个小家的概念,并时时处处把自己的企业文化流露出一种家庭的感觉和样子”①。“家”文化强调决策的稳定性,对比体制内媒介组织,凤凰卫视反倒是发现并利用好了这种传统的管理方式。在凤凰卫视近十五年的历程中,与领导层屡屡调换、节目频频改版的体制内电视台相比,它的一大特色就是领导层的相对稳定。由此,凤凰卫视基本贯彻了一条明确且长效的发展思路。比如,在北京凤凰会馆,多年来一直坚持发展历史—人文节目。这也就是说,在具体的媒介生产活动中,拥有好的理念、机制和愿景并非难事,难就难在可持续的执行。

其次,通过对凤凰卫视生产机制实践的深描,两方面内容应当再次强调:一方面,在复杂的媒介生产情境中,业者自身的专业主义理念与诉求依然可贵,记得吴晓波曾提起,“曹景行先生在凤凰卫视工作时,保持着老派文化人的缜密与敬业,他每次做节目都要打印厚厚的材料,因为习惯于传统字纸阅读,以做准备,有用的材料还会叮嘱编导扫描放到节目里用”②。另一方面,如果抛开人力、设备、经费等技术性因素,凤凰业者的工作激情也值得体制内的电视业者借鉴。比如,“采访泰国红衫军事件的记者陈开,在跟其他媒体同行谈话的时候,发现其他媒体派了很多记者,长枪短炮,各种各样的设备,他们说你们凤凰就这么几个人,这么几支‘枪’,你们玩什么呀?他回答,我们什么都

① 凤凰卫视,新浪微博,2011-02-28。http://t.sina.com.cn/phoenixqbzh.
② 根据与北京节目中心资深编导吴晓波的访谈记录,2010年6月7日。

玩不了，只能玩命了”[①]。综合起来，也就是刘长乐口中的专业主义激情：“有人说凤凰是一帮疯子。我想所谓‘疯子’，不是指精神有病那种‘疯’，而是理智的‘疯’，这种疯指的是专业主义激情。疯在情绪上和斗志上，在时势、经济运营的把握方面，我们是非常理智的，体现的是智慧的光芒。”[②]

当然，再次强调，在笔端只是应然的设想。如何让它变成现实？笔者在调研中，经常会与其他电视台业者交流，每次交流，都会把调研心得与其分享，他们的一般反应包括：“凤凰的人原来那么少”、“凤凰的活儿原来那么累”、“凤凰的钱原来那么点儿”……在感叹之外，我可以觉察到他们所受的触动。不过，由于是口耳相传，传播范围还比较窄化。

但笔者还发现了另一种分享的方式，那就是媒介组织之间的人才流动。早些年，我们习惯于听到央视、新华社的人，特别是其中的知名业者跳槽到凤凰卫视，远有刘春（后离开）、陈鲁豫、许戈辉等，近有卢琛、马斌、黄健翔（后离开）等。不过，近年来，特别是央视、新华社自2009年加大新闻生产投入之后，可以看到何润峰等凤凰核心业者跳到央视。而且，这只是个开始，对于内地的媒介行业而言，这是件好事。这批离开凤凰的业者可以把自身的工作经验和习惯带回到体制内，当然，也不排除“被同化”的可能。

---

① 凤凰卫视，新浪微博，2011-02-28。http://t.sina.com.cn/phoenixqbzh.

② 张林、多多、鹤麟、麦楠：《501个疯子》，文化艺术出版社2010年版，序言。

第四节 研究再改进:四个方面的说明

笔者在本研究中尽力扮演德鲁克眼中的"旁观者"角色——"旁观者没有个人历史可言。他们虽也在舞台上,却毫无戏份,甚至于连观众都不是。一出戏和其中的演员命运究竟如何,就要看观众,然而旁观者的反应只能留给自己,对他人完全没有作用。但站在舞台侧面观看的旁观者,有如在剧院中坐镇的消防队员,能见人所不能见者,注意到演员或观众看不到的地方;毕竟,他是从不同角度来看,并反复思考"[①]——虽不是"观众",也不是"演员",虽也曾"反复思考",但笔者还是要从四个方面,对本研究有待改进的部分做一说明。

首先,深度访谈中的欠缺。笔者与北京凤凰会馆的大部分业者进行过交流,但由于赶香港、深圳等外埠调研的档期和经费得不到保障,只能通过电子邮件、微博私信等方式与京外凤凰业者联络,深度访谈的数量和深度自然打了折扣。

其次,参与式观察不够充分,这是本研究最大的遗憾。在进行研究设计时,笔者曾对此信心满满,但真正进入凤凰会馆才发现,能够让我在办公室、演播室调研已属难得,跟随外采的念头不切实际。于是,参与式观察,最后变为配合深度访谈进行的辅助性方法。

再次,特殊性与普遍性的矛盾。凤凰卫视的角色是夺目的,也是孤独的,"由外而内"的"战友们"要么"丢盔弃甲"(宇宙卫视等)、要么

---

① 彼得·德鲁克:《旁观者:管理大师德鲁克回忆录》,廖月娟译,机械工业出版社2010年版,第XVI页。

“改换门庭”(阳光卫视等)。于是,个案的特殊性与理论的普遍性之间产生了矛盾。与刘春访谈时,他的一句话给我留下深刻的印象:“之前有几个外国学者,带着学生到凤凰会馆来,也是做访谈、做观察。但是,我看他们的研究论文也没说出什么,因为我们太特殊了。”①

第四,凤凰卫视是一家在香港上市的商业公司,诸多官方材料被告知涉及“商业秘密”而不能查阅,为此,在行文中不免产生疏漏和单薄的地方。

2011年,凤凰卫视在北京的人民大会堂举办了十五年台庆活动、凤凰新媒体在纽交所上市、凤凰卫视香港台(粤语播出)也正式启播——在“锵锵和鸣”之中,凤凰卫视依然走在通往“华语联结”成就角色的大道上。

在本书末尾,笔者借凤凰卫视对Phoenix的拆解以自勉,以期今后的研究弥补上述局限,并弥补关于凤凰卫视乃至中国媒介与社会的认知盲区——

P:passion of Professionalism(专业主义激情)

H:honesty(诚信)

O:open(开放)

E:excellence(卓越)

N:new(创新)

I:inclusive(包容)

X:无限可能

---

① 根据与原中文台执行台长(现搜狐公司副总裁)刘春的访谈记录,2010年4月28日。

深度访谈名单

邓纯（凤凰卫视《走读大中华》制片人），2010年6月17日。

韩烟（凤凰卫视《问答神州》制片人），2010年6月7日。

胡玲（凤凰卫视北京记者站首席记者），2010年5月31日。

郭晶晶（凤凰卫视洛杉矶记者站记者），2010年7月15日。

吉永昱（凤凰卫视洛杉矶记者站记者），2010年7月29日。

牟洋洋（原凤凰卫视《一虎一席谈》执行制片人），2010年6月11日。

令狐列（凤凰卫视原北京记者站记者、首席记者，现深圳节目中心副主任），2010年6月3日。

刘春（原凤凰卫视中文台执行台长、现搜狐公司副总裁），2010年4月28日。

刘庆东（凤凰卫视国际经营副总裁、《时事辩论会》主持人），2010年11月16日。

刘洋（凤凰卫视《名人面对面》编导），2010年6月10日。

潘力（凤凰卫视北京节目中心副主任），2010年5月26日。

秦枫（原凤凰卫视北京记者站记者、现香港卫视采访总监），2010

年6月18日。

王志江(凤凰卫视北京节目中心副主任),2010年7月23日。

吴晓波(凤凰卫视北京节目中心资深编导),2010年6月7日。

杨理(凤凰卫视原《文涛拍案》制片人、现资深编导),2010年6月29日。

杨锦麟(原凤凰卫视《走读大中华》主持人、现香港卫视执行台长),2010年6月8日。

于文华(凤凰卫视原《中国记忆》、《口述历史》制片人,现《凤凰资讯榜》制片人),2010年6月22日。

张力(凤凰卫视北京节目中心副主任、《锵锵三人行》制片人),2010年5月31日。

赵情晴(凤凰卫视原北京记者站记者、现资讯台主播),2010年6月7日。

钟大年(凤凰卫视原资讯台台长、现中文台台长),2010年5月3日。

周铭吉(凤凰卫视北京记者站摄影师),2010年6月3日。

周周(凤凰卫视《文化大观园》、《风云对话》制片人),2010年7月14日。

朱卫民(凤凰卫视《冷暖人生》制片人),2010年5月27日。

参考文献

中文部分

安东尼·吉登斯.郭忠华译.批判的社会学导论[M].上海:上海世纪出版集团,2007.

Asa Briggs,Peter Burke.李明颖译.最新大众传播史:从古腾堡到网际网路的时代[M].台北:韦伯文化,2006.

布鲁斯.J.比德尔.曾霖生译.角色理论的主要概念和研究[J].国外社会科学文摘.1988(11).

布鲁斯.J.比德尔.曾霖生译.角色理论的最近发展情况[J].国外社会科学文摘.1988(11).

Bernard Roshco.姜雪影译.制作新闻[M].台北:远流出版公司,1994.

贝尔纳·米耶热.陈蕴敏译.传播思想[M].南京:江苏人民出版社,2008.

彼得·德鲁克.廖月娟译.旁观者:管理大师德鲁克回忆录[M].北京:机械工业出版社,2010.

曹锦清.黄河边的中国:一个学者对乡村社会的观察与思考[M].上海:上海文艺出版社,2003.

曹锦清.如何研究中国[M].上海:上海人民出版社,2010.

曹景行. 光圈中的凤凰[M]. 上海:上海辞书出版社,2006.

陈力丹,江凌. 改革开放30年来记者角色认知的变迁[J]. 当代传播,2008(6).

陈怀林. 九十年代中国传媒的制度演变[J]. 二十一世纪,1999(6).

陈向明. 质的研究方法与社会科学研究[M]. 北京:教育科学出版社,2000:12.

陈阳. 我国新闻生产的影响机制之研究:以妇女新闻为个案[J]. 新闻与传播研究,2006(2).

陈映芳. 关于在青年社会学中导入角色理论的理论思考. 社会学研究. 2000(6).

程鹤麟,刘庆东. 真理越辩越晕:凤凰怪谭·时事辩论会[M]. 北京:北方文艺出版社,2007.

大卫·克罗图,威廉·霍伊尼斯. 邱凌译. 媒介·社会(第三版)[M]. 北京:北京大学出版社,2009.

戴安娜·克兰. 赵国新译. 文化生产:媒体与都市艺术[M]. 南京:译林出版社,2001.

戴维·巴特勒. 赵伯英,孟春峰译. 媒介社会学[M]. 北京:社会科学文献出版社,1989.

戴元光,尤游. 媒介角色研究的社会学分析[J]. 上海大学学报(社会科学版),2007(11).

丹尼斯·麦奎尔. 崔保国,李琨译. 麦奎尔大众传播理论(第四版)[M]. 北京:清华大学出版社,2006.

丹尼斯·麦奎尔,斯文·温德尔. 祝建华译. 大众传播模式论(第2版)[M]. 上海:上海译文出版社,2008.

道格拉斯·C·诺斯. 陈郁,罗华平译. 经济史中的结构与变迁[M]. 上海:上海人民出版社,1994.

邓忻忻. 动力与困窘一中国广播体制改革研究[M]. 北京:中国经济出版社,2006.

E. F. 舒马赫. 李华夏译. 小的是美好的[M]. 南京:译林出版社,2007.

凤凰书品. 凤凰私家相册. 2[M]. 北京:龙门书局,2012.

盖伊·塔奇曼. 麻争旗,刘笑盈,徐扬译. 做新闻[M]. 北京:华夏出版社,2006.
格雷姆·伯顿. 史安斌译. 媒体与社会:批判的视角[M]. 北京:清华大学出版社,2007.
郭炜华. 从Alexa数据看电视台网站建设——以央视网、凤凰网和金鹰网为例[J]. 电视研究,2009(6).
赫伯特·甘斯. 石琳译. 什么在决定新闻[M]. 北京:北京大学出版社,2009.
洪兵. 转型社会中的新闻生产——《南方周末》个案研究(1983年—2001年)[D]. 上海:复旦大学,2004.
胡正荣. 媒介寻租、产业整合与媒介资本化过程——对我国媒介制度变迁的分析[J]. 媒介研究,2004(1).
胡正荣,李煜. 社会透镜:新中国媒介变迁六十年1949—2009[M]. 北京:清华大学出版社,2010.
黄旦. 新闻传播学[M]. 浙江:浙江大学出版社,2003.
黄旦. 传者图像:新闻专业主义的建构与消解[M]. 上海:复旦大学出版社. 2005.
黄煜,魏然. 从"喉舌"到党营企业—中国大陆电视传媒四十年历史轨迹探索(1958—1998)[A]. 见:中华传播学会. 1998年年会论文集[C]. 未出版,1998.
黄宗智. 认识中国——走向从实践出发的社会科学[J]. 中国社会科学,2005(1).
Jane Stokes. 黄红宇,曾妮译. 媒介与文化研究方法[M]. 上海:复旦大学出版社,2006.
江艺平. 融媒时代记者人脉的变与不变[J]. 新闻实践,2010(11).
卡尔·波普尔. 历史决定论的贫困[M]. 上海:上海人民出版社,2009.
克莱顿·克里斯坦森. 胡建桥译. 创新者的窘境[M]. 北京:中信出版社,2010.
克利福德·吉尔兹. 王海龙,张家宣译. 地方性知识:阐释人类学论文集[M]. 北京:中央编译出版社,2004.
赖特·米尔斯. 陈强,张永强译. 社会学的想象力[M]. 北京:三联书店,2001.
兰德尔·柯林斯,迈克尔·马科夫斯基. 李霞译. 发现社会之旅:西方社会学思想述评[M].北京:中华书局,2006.

雷蒙·威廉斯.刘建基译.关键词:文化与社会的词汇[M].北京:三联书店,2005.

李彬.中国新闻社会史(1815—2005)[M].上海:上海交通大学出版社,2007.

理查德·H.霍尔.张友星,刘五一,沈勇译.组织:结构、过程与结果(第八版)[M].上海:上海财经大学出版社,2003.

理查德·斯格特.黄洋译.组织理论[M].北京:华夏出版社,2002.

李金铨.超越西方霸权:传媒与文化中国的现代性[M].香港:牛津大学出版社,2004.

李金铨.文人论政:知识分子与报刊[M].桂林:广西师范大学出版社,2008.

李良荣.为中国传媒业把脉——知名学者访谈录[M].上海:复旦大学出版社,2006.

李良荣.艰难的转身:从宣传本位到新闻本位——共和国60年新闻媒体[J].国际新闻界,2009(9).

李杨.凤凰电视文化现象研究[D].北京:中国艺术研究院,2007.

李友梅.社会的生产:1978年以来的中国社会变迁[M].上海:上海人民出版社,2008.

李友梅,孙立平,沈原.转型社会的研究立场和方法[M].北京:社会科学文献出版社,2009.

利萨·泰勒,安德鲁·威利斯著.吴靖,黄佩译.媒介研究:文本、机构与受众[M].北京:北京大学出版社,2005.

刘思达.职业自主性与国家干预——西方职业社会学研究述评[J].社会学研究,2006(1).

刘思达.法律社会学的定性研究方法[EB/OL].:社会学视野,2010-12-03. http://www.sociologyol.org/yanjiubankuai/tuijianyuedu/tuijianyueduliebiao/2010-12-03/11700.html.

林富美.当新闻记者成为名嘴:名声、专业与劳动商品化的探讨[J].新闻学研究,

2006(7).

刘玉照,田青.新制度是如何落实的?——作为制度变迁新机制的"通变"[J].社会学研究,2009(4).

罗伯特·K·默顿.唐少杰,齐心译.社会理论和社会结构[M].南京:译林出版社,2006.

陆晔.新闻生产过程中的权力实践形态研究[A].信息化进程中的传媒教育与研究[M].上海:复旦大学出版社.2003.

陆晔.新闻从业者的媒介角色认知——兼论舆论监督的记者主体作用[J].中国青年政治学院学报,2003(5).

陆晔.权力与新闻生产过程[EB/OL].:《二十一世纪》网络版,2005-12-30.http://www.cuhk.edu.hk/ics/21c/supplem/essay/0302037g.htm.

陆晔,潘忠党.成名的想象——中国社会转型过程中新闻从业者的专业主义[J].新闻学研究,2002(4).

吕宁思.凤凰卫视新闻总监手记[M].北京:昆仑出版社,2005.

迈克·克朗.杨淑华,宋慧敏译.文化地理学(修订版)[M].南京:南京大学出版社,2005.

迈克尔·舒德森.何颖怡译.探索新闻:美国报业社会史[M].台北:远流出版公司,1993.

迈克尔·舒德森.徐桂权译.新闻社会学[M].北京:华夏出版社,2010.

麦楠,王多多,张林.凤凰术[M].北京:中国友谊出版公司,2006.

毛丹.赋权、互动与认同:角色视角中的城郊农民市民化问题[J].社会学研究.2009(4).

米歇尔·德·塞托著.方琳琳,黄春柳译.日常生活实践1.实践的艺术[M].南京:南京大学出版社,2009.

米歇尔·福柯.刘北成,杨远缨译.规训与惩罚[M].北京:三联书店,1999.

米歇尔·福柯.谢强,马月译.知识考古学[M].北京:三联书店,2004.

米歇尔·克罗齐耶,埃哈尔·费埃德伯格.张月译.行动者与系统——集体行动的政治学[M].上海:上海人民出版社,2007.

欧文·戈夫曼.徐江敏,丁晖译.日常接触[M].北京:华夏出版社,1990.

欧文·戈夫曼.冯钢译.日常生活中的自我呈现[M].北京:北京大学出版社,2008.

帕特里斯·费里奇.刘大明译.现代信息交流史:公共空间和私人生活[M].北京:中国人民大学出版社,2008.

潘忠党.大陆新闻改革过程中象征资源之替换形态[J].新闻学研究,1996(54).

潘忠党.新闻改革与新闻体制的改造——我国新闻改革实践的传播社会学之探讨[J].新闻与传播研究,1997(3).

潘忠党.有限创新与媒介变迁:改革中的中国新闻业[A].见:陶东风,周宪.文化研究7[M].桂林:广西师范大学出版社,2007.

潘忠党.序言:传媒的公共性与中国传媒改革的再起步[J].传播与社会学刊,2008(6).

皮埃尔·布尔迪尔.许钧译.关于电视[M].辽宁:辽宁教育出版社,2000.

皮埃尔·布尔迪厄,华康德.李猛,李康译.实践与反思——反思社会学导论[M].北京:中央编译出版社.2004.

钱钢.中国传媒与政治改革[M].香港:天地图书,2008.

钱蔚.政治、市场与电视制度——中国电视制度变迁研究[M].郑州:河南人民出版社,2002.

乔治·米德.心灵、自我与社会[M].上海:上海译文出版社,2005.

乔治·瑞泽尔.凌琪,刘仲翔,王修晓译.布莱克维尔社会理论家指南[M].南京:江苏人民出版社,2009.

邱戈.媒介身份研究的基本理论架构[J].浙江大学学报(人文社会科学版),2007(5).

邱泽奇.技术与组织的互构——以信息技术在制造企业的应用为例[J].社会学研

究,2005(2).

邱泽奇. 技术与社会变迁[A],见:李培林,李强,马戎. 社会学与中国社会[M]. 北京:社会科学文献出版社,2008.

芮必峰. 政府、市场、媒体及其他——试论新闻生产中的社会权力[D]. 上海:复旦大学,2009.

芮必峰. 描述乎? 规范乎? ——新闻专业主义之于我国新闻传播实践[J]. 新闻与传播研究,2010(1).

Simon Cottle. 陈筠臻译. 媒介组织与产制[M]. 台北:韦伯文化国际出版有限公司,2009.

宋超,黄瑚. 新闻事业与新闻传播学[M]. 上海:上海人民出版社,2009.

孙藜. 晚清电报及其传播观念(1860—1911)[M]. 上海:上海世纪出版集团,2007.

孙立平. "过程—事件分析"与当代中国国家—农民关系的实践形态[A]. 见:清华大学社会学系. 清华社会学评论[M]. 厦门:鹭江出版社,2000.

孙立平. 转型与断裂:改革以来中国社会结构的变迁[M]. 北京:清华大学出版,2004.

孙立平. 实践社会学与市场转型过程分析[J]. 中国社会科学,2002(5).

孙玉胜. 十年——从改变电视的语态开始[M]. 北京:三联书店,2003.

藤竹晓. 蔡林海译. 电视社会学[M]. 合肥:安徽文艺出版社出版,1987.

田秋生. 市场化生存的党报新闻生产——《广州日报》个案研究[D]. 上海:复旦大学,2008.

Tim O'Sullivan, John Hartley, Danny Saunders, Martin Montgomery, John Fiske. 杨祖珺译. 传播及文化研究主要概念[M]. 台北:远流出版公司,1997.

童兵. 主体与喉舌:共和国新闻传播轨迹审视[M]. 郑州:河南人民出版社,1994.

谢立中. 结构—制度分析,还是过程—事件分析? [M]. 北京:社会科学文献出版社,2010.

奚从清. 角色论——个人与社会的互动[M]. 杭州:浙江大学出版社,2010.

星云大师,刘长乐.修好这颗心[M].南京:江苏文艺出版社,2010.

汪民安.文化研究关键词[M].南京:江苏人民出版社,2007.

威廉·詹姆士.陈羽纶译.实用主义[M].北京:商务印书馆,1997.

吴飞.新闻专业主义研究[M].北京:中国人民大学出版社,2009.

吴予敏.变革中的中国电视体制和电视文化[A].见:中华传播学会.2001年年会论文集[C].未出版,2001.

应星.村庄审判史中的道德与政治1951—1976年:中国西南一个山村的故事[M].北京:知识产权出版社,2009.

约瑟夫·A·马科斯维尔.朱光明译.质的研究设计:一种互动的取向[M].重庆:重庆大学出版社,2007.

詹姆斯·库兰,米切尔·古尔维奇.杨击译.大众媒介与社会[M].北京:华夏出版社,2006.

展江.新闻舆论监督与全球政治文明[M].北京:社会科学文献出版社,2007.

展江.新世纪的舆论监督——一种公民社会的视角[EB/OL].:中国选举与治理,2009-04-03.http://www.chinaelections.org/NewsInfo.asp? NewsID=146361.

张林,蓝艺.大事背后:凤凰卫视资讯台揭秘[M].北京:中国和平出版社,2005.

张林,多多,鹤麟,麦楠.501个疯子[M].北京:文化艺术出版社,2010.

张志安.编辑部场域中的新闻生产——《南方都市报》个案研究(1995—2005)[D].上海:复旦大学,2006.

张燕,邱泽奇.技术与组织关系的三个视角[J].社会学研究,2009(2).

张永宏.组织社会学的新制度主义学派[M].上海:上海人民出版社,2007.

周雪光.组织社会学十讲[M].北京:清华大学出版社,2003.

周翼虎.自由的抗争与自觉的入笼:中国国家与新闻业关系30年[D].北京:北京大学,2008.

周裕琼.互联网使用对中国记者媒介角色认知的影响[J].新闻大学,2008(1).

钟大年,于文华.凤凰考:建构一个新传媒[M].北京:北京师范大学出版社,2004.

钟起惠.节目品质与优质电视:兼论当前台湾电视节目产制的困境及出路[M].台北:广电基金出版,2003.

朱冰,毕蜂.口述凤凰[M].北京:作家出版社,2006.

朱春阳.当代广播电视节目生产机制的选择与演变[J].视听界,2007(5).

朱光烈.火凤凰[M].北京:现代出版社,1999.

朱羽君,殷乐.电视新闻直播的现代品格[J].现代传播,2003(5).

英文部分

Bruce J. Biddle. *Role Theory: Expectations, Identitiesand Behaviors*[M]. New York: Academic Press, 1979.

Bruce J. Biddle. Recent Developments in Role Theory[J]. *Annual Reviews of Sociology*, 1986(12).

Bruce J. Biddle. Role Theory[A]. in: E. Borgatta. *Encyclopedia of Sociology*[M]. New York: Macmillan Reference, 2004.

Bruce J. Biddle, Edwin J. Thomas. *Role Theory: Concepts and Research*[M]. New York: John Wiley & Sons, 1966.

Heather A. Haveman. Organizational Size and Change: Diversification in the Savings and Loan Industry after Deregulation[J]. *Administrative Science Quarterly*, 1993, 38(1).

Hugo de Burgh. *The Beliefs and Practices of Chinese Regional Television Journalists* [D]. Nottingham: Nottingham Trent University, 2001.

Karen Danna Lynch. Modeling Role Enactment: Linking Role Theory and Social Cognition[J]. *Journal for the Theory of Social Behavior*, 2007, 37(4).

John Meye, Brian Rowan. Institutionalized Organization: Formal Structure as Myth and Ceremony[J]. *The American Journal of Sociology*, 1977, 83(2).

Joan Woodward. *Industrial Organization: Theory and Practic*[M]. New York: Oxford University Press, 1965.

Mary H. Lystad, Robert C. Stone. Bureaucratic Mass Media: A Study in Role Definitions [J]. *Social Forces*, 1956, 34(4).

Mark Fishman. *Manufacturing the News*[M]. Austin: University of Texas Press, 1980.

Michel de Certeau. *The Practice of Everyday Life*[M]. Berkeley: University of California Press, 1984.

Ralph H. Turner. Role-Taking: Process versus Conformity[A]. in: Arnold M. Rose. *Human Behavior and Social Processes: An Interactionist Approach*[M]. Boston: Houghton Mifflin, 1962.

Richard A. Hilbert. Toward an Improved Understanding of Role[J]. *Theory and Society*, 1981, 10(2).

Rob Sabal. The Individual in Collaborative Media Production[J]. *Journal of Film and Video*, 2009, (61)1.

Robert K. Manoff, Michael Schudson. *Reading the News*[M]. New York: Pantheon Books, 1986.

Shuang Xie. *Dancing in the Tension between the Global and National: Seeing Chinese Television Industry through Phoenix Satellite TV*[D]. Bowling Green: Bowling Green State University, 2010.

Stanley Raffel. *Revisiting Role Theory: Roles and the Problem of the Self*[EB/OL]. Sociological Research Online, 1999, (4)2. http://www.socresonline.org.uk/socresonline/4/2/raffel.html. Susan L. Shirk. *Changing Media, Changing China*[M]. New York: Oxford University Press, 2011.

Yuezhi Zhao. *Communication in China: Political Economy, Power, and Conflict*[M]. Lanham: Rowman & Littlefield, 2008.

后记　待风景慢慢看透

本书基于笔者的博士论文修改而成。“当你在穿山越岭的另一边，我在孤独的路上没有尽头”，这是张震岳的一句歌词，在写作博士论文最难熬的时日，它砰地击中了我。的确，当我在书房寂寞地“膜拜”理论、“修理”素材并点滴码字的时候，书中提到的那些凤凰业者和我身边的媒体好友，他们为了一条又一条的报道、一档又一档的节目连轴转，始终在路上。他们不得不“动如脱兔”，而我却必须“静如处子”；他们在大江大海中激荡，而我却在静水深流中凝神……

博士论文完成于2011年中，但自2010年初确立选题，到2012年末改就书稿，在前后三年的时间里，我与凤凰卫视结下了缘分：无论在学界的交流中（比如展江老师的舆论监督研讨会、香港城市大学的“文人论政”研讨会等），还是与业界的切磋中，凤凰卫视成为我每每提到的关键词；相关文章，散见于《现代传播》、《新闻大学》、《新闻春秋》、《南方电视学刊》等期刊；已去职他处的刘春、杨锦麟等，仍在一线奔忙的胡玲、朱卫民、邓纯等凤凰业者，也成为我的好友或榜样。

但，随着与凤凰卫视的接触越来越多，我却越来越不敢说自己了解了它。即便在这三年里，媒介—社会整体格局因为微博的兴盛而发生了明显的变化，凤凰卫视整间公司也发生着微妙的变化。于是，“结篇即缺憾”，这本书至多能给您提供一种相对有解释力的视角和阐释。其中的若干局限，盖因本人的学识之薄和眼光之浅所致，在此要说声抱歉。

虽然，近两年来，处于成熟期的凤凰卫视受到了越来越多的质疑，可哪怕排除因深入接触而自然亲近的个人因素，我还是认可它在社会转型期的媒介典范价值。至今，我依然是《凤凰大视野》、《总编辑时间》、《锵锵三人行》等节目的忠实观众；并且，我也坚信，在专业精神、市场意识和人文情怀三个方面，凤凰卫视带给中国媒介业者和学者的启示，继续有其独到的光芒。

的确，在通往“华语联结”的成就角色之路上，凤凰卫视不易。即便也有种种暧昧的妥协，但这是为了生存——特别是，如果理解当下中国的媒介现实的话，你会认同这种妥协。不得不承认，正是由于上述的“现实”，近年来凤凰卫视妥协的地方越来越多。我常常设身处地地想，如果我是一名凤凰业者，应该怎么想？怎么做？

我没有更好的答案。可至少，在过去十余年，凤凰卫视提供了一份难能可贵的答卷。

面对这份答卷，您手中的这本书就在试图誊写着、还原着。如果我的誊写和还原还算到位，首先要感谢的是我的导师——陆晔老师。诚然，从开题到完结篇，她并没有给我太多的建议。但每次聊，她居然都能“打中靶心”，给每一个阶段的我以最到位的意见与帮助，每一次的意见与帮助又总能在我的脑海中绕梁多日。甚至这篇后记，她也给我提出了中肯的修改意见。另外，陆老师对我的影响，远不止治学范畴，在平日做人做事、切换学界业界思考乃至读什么书、看什么碟、听什么歌等方方面面，她的风范都嵌入我深深的脑海里。

有些话，一说出口或写下笔，味道就变了，比如感谢。但是，这些话又必须说出来、写下来。可乐好喝，但开瓶就“跑气”，不过，不开瓶又怎能知道是什么滋味？那么，除了感谢陆晔老师，这本书的完成，还必须感谢黄旦老师，当年不是因为他，我也不会来复旦读书。不来复旦读书，就没有“黄老师读书会”的思想与逻辑洗礼，也没有“星期三通讯”的咖啡讨论与写作组，更没有逻辑起点的起点与问题意识的意识。不过，也必须承认，黄旦老师的精髓，我并没有学到，因为自己的浮躁与过动。但从他那里传袭的眼界与路数，无论在研究、教学还是业界实务中，都能管用。

还有的感谢分成四份：一份送给我的家人，他们没有给我任何压力，虽然博士对于象牙塔外的他们，是一件遥远的事情；一份送给我的复旦同学们，特别是“星期三通讯”的贺碧霄、石力月以及我在 11 号楼 701 室的三位兄长杨海军、吴华清与罗锋，还有“文献帝”白红义，因为廉价咖啡、烟酒与不廉价的思想碰撞，在这个时代居然“真的可以有”；一份送给广院，在魔都念博士的三年，帝都从课时到系务工作都没给我太大的压力，并给我保留了那份虽然微薄但聊胜于无的工资；再一份送给凤凰卫视的前辈与朋友，你们绝对是“狠角色”，可是，在市场拼杀中又有一份难得的慈悲，有时我甚至会忐忑于在书中是否说了太多……

最后，这本书能够如斯呈现，胡正荣、钟大年、雷跃捷、展江等前辈的指导和修订相当关键；朱羽君、徐舫州、何苏六等先生长期以来的关爱和引路相当重要；没有胡智锋老师数年来在科研方面的鼓励和支持，我可能无法坚持到今天；当然，若不能与北大出版社结缘、没有本书编辑谢佳丽的配合和督促，它可能依然只留档在我的电脑里罢了。

我的前三十年人生，凤凰卫视的前十六年历程，我和凤凰卫视的这三年结缘，若回首向来萧瑟处，实乃也无风雨也无晴，倒不必急着归去，让我们继续上路，待风景慢慢看透吧。